汽车维修入门书系

汽车养护与美容

快速入门 60天

第2版

➡ 一天一个专项
   60天汽车养护与美容全掌握

➡ 一点一滴积累
   2个月菜鸟轻松变高手

李昌凤 ◎ 主编

机械工业出版社
CHINA MACHINE PRESS

《汽车养护与美容快速入门60天》针对初学者，以"每天一个专题"的形式，重点讲述了汽车养护与美容的基本操作技能。全书分为七章，即汽车发动机养护必知必会、汽车底盘养护必知必会、汽车空调养护必知必会、汽车电器养护必知必会、汽车外部美容与修复必知必会、汽车内部美容与修复必知必会、汽车漆面美容与修复必知必会。

本书以"基础知识"和"实际操作"相结合的形式进行内容编排，简单实用，易学易懂。从汽车养护与时俱进的理念出发，使理论与实际相结合，让读者跟着学、跟着做，使其可以更快、更好地掌握汽车养护与美容的操作技能，称得上汽车养护与美容的贴身老师。本书可作为汽车养护与美容快速入门的重要参考资料，也可作为汽车相关专业师生用书。

图书在版编目（CIP）数据

汽车养护与美容快速入门60天/李昌凤主编．—2版．—北京：机械工业出版社，2021.9

ISBN 978-7-111-69411-3

Ⅰ.①汽… Ⅱ.①李… Ⅲ.①汽车-车辆保养 Ⅳ.①U472

中国版本图书馆CIP数据核字（2021）第213092号

机械工业出版社（北京市百万庄大街22号 邮政编码100037）
策划编辑：连景岩 责任编辑：丁 锋 王 婕
责任校对：肖 琳 封面设计：鞠 杨
责任印制：张 博
中教科（保定）印刷股份有限公司印刷
2022年1月第2版第1次印刷
184mm×260mm·14.5印张·356千字
0 001—1 500册
标准书号：ISBN 978-7-111-69411-3
定价：69.90元

电话服务　　　　　　　网络服务
客服电话：010-88361066　机 工 官 网：www.cmpbook.com
　　　　　010-88379833　机 工 官 博：weibo.com/cmp1952
　　　　　010-68326294　金 书 网：www.golden-book.com
封底无防伪标均为盗版　　机工教育服务网：www.cmpedu.com

前　言

目前，汽车养护与美容已成为汽车售后服务的重要业务，从而形成了一批新型的汽车养护与美容企业。为了使广大从事汽车养护与美容的初学者更好地掌握汽车养护与美容技能，提高从业技术和实践水平，我们特编写了本书。

本书以"每天一个专题"的形式，重点讲述了汽车养护与美容的基本操作技能。本书为第1版的修订版，修订后增加了汽车外部、内部及漆面等的美容与修复知识。修订后分为七章，包括汽车发动机养护必知必会、汽车底盘养护必知必会、汽车空调养护必知必会、汽车电器养护必知必会、汽车外部美容与修复必知必会、汽车内部美容与修复必知必会、汽车漆面美容与修复必知必会。

本书以"基础知识"和"实际操作"相结合的形式进行内容编排，简单实用，易学易懂。从汽车养护与时俱进的理念出发，使理论与实际相结合，让读者跟着学、跟着做，使其可以更快、更好地掌握汽车养护与美容操作技能，称得上汽车养护与美容的贴身老师。

本书由李昌凤主编，参加编写的人员还有李富强、李素红、陈春燕、朱其福、李志刚。在编写本书的过程中，得到了许多汽车养护与美容企业的大力支持和协助，并参阅了大量的相关资料，在此表示诚挚的感谢！

由于编者水平有限，书中难免有不足之处，恳请广大读者批评指正，以便再版时补充完善。

编　者

目　　录

前言
第一章　汽车发动机养护必知必会 ··· 1
　第 1 天　发动机"三滤"及机油的更换 ··· 1
　第 2 天　发动机冷却液的更换 ·· 7
　第 3 天　发动机传动带养护 ··· 10
　第 4 天　燃油泵及燃油传感器的检查与养护 ·· 13
　第 5 天　喷油器的检查与清洗 ·· 19
　第 6 天　清洁节气门 ··· 26
　第 7 天　清除发动机积炭 ·· 28
　第 8 天　三元催化器免拆卸清洗 ··· 30
　第 9 天　发动机燃油系统免拆卸清洗 ·· 32
　第 10 天　发动机润滑系统免拆卸清洗 ·· 37
　第 11 天　发动机冷却系统免拆卸清洗 ·· 40
　第 12 天　点火系统的养护 ·· 44
第二章　汽车底盘养护必知必会 ··· 49
　第 13 天　离合器的养护 ·· 49
　第 14 天　离合器液压系统的养护 ·· 54
　第 15 天　手动变速器油的检查与更换 ·· 59
　第 16 天　自动变速器油及滤网的更换 ·· 62
　第 17 天　自动变速器免拆卸清洗 ·· 66
　第 18 天　传动轴及半轴的养护 ·· 70
　第 19 天　驱动桥的养护 ·· 74
　第 20 天　排气管及消声器的养护 ·· 78
　第 21 天　制动系统的养护 ·· 82
　第 22 天　汽车悬架系统的养护 ·· 89
　第 23 天　动力转向系统的养护 ·· 96
　第 24 天　汽车轮胎的检查与维护 ·· 100
　第 25 天　车轮动平衡 ·· 108
　第 26 天　汽车四轮定位 ··· 110

第三章　汽车空调养护必知必会 ············ 116

- 第 27 天　汽车空调的检查与养护 ············ 116
- 第 28 天　汽车空调系统泄漏检查 ············ 122
- 第 29 天　汽车空调系统抽真空 ············ 125
- 第 30 天　制冷剂的加注与补充 ············ 128
- 第 31 天　冷冻机油的加注 ············ 134

第四章　汽车电器养护必知必会 ············ 136

- 第 32 天　蓄电池的养护 ············ 136
- 第 33 天　发电机的养护 ············ 141
- 第 34 天　起动机的养护 ············ 145
- 第 35 天　车灯的养护 ············ 148
- 第 36 天　刮水器及洗涤系统的养护 ············ 154
- 第 37 天　电动车窗的养护 ············ 160
- 第 38 天　电动座椅的养护 ············ 164
- 第 39 天　电喇叭的养护 ············ 167
- 第 40 天　汽车音响的养护 ············ 170

第五章　汽车外部美容与修复必知必会 ············ 174

- 第 41 天　汽车清洗 ············ 174
- 第 42 天　漆面附着物的清除 ············ 177
- 第 43 天　底盘装甲 ············ 180
- 第 44 天　车窗贴膜 ············ 182
- 第 45 天　汽车风窗玻璃的修补 ············ 185
- 第 46 天　前照灯修复 ············ 188

第六章　汽车内部美容与修复必知必会 ············ 191

- 第 47 天　内饰保养 ············ 191
- 第 48 天　发动机舱保养 ············ 194
- 第 49 天　仪表台修复 ············ 197
- 第 50 天　真皮座椅修复 ············ 198
- 第 51 天　顶篷修复 ············ 200

第七章　汽车漆面美容与修复必知必会 ············ 202

- 第 52 天　汽车打蜡 ············ 202
- 第 53 天　车身镀膜 ············ 205
- 第 54 天　封釉护理 ············ 209
- 第 55 天　漆面抛光 ············ 211
- 第 56 天　漆面划痕处理 ············ 213
- 第 57 天　漆面凹陷修复 ············ 216
- 第 58 天　轮毂的修复翻新 ············ 219
- 第 59 天　车身轻微损伤钣金修复 ············ 221
- 第 60 天　汽车快速补漆 ············ 222

参考文献 ············ 225

第一章

汽车发动机养护必知必会

第1天 发动机"三滤"及机油的更换

1. 了解发动机"三滤"及机油的作用。
2. 掌握发动机"三滤"及机油的更换方法。

发动机"三滤"指空气滤清器、机油滤清器和燃油滤清器。在汽车的正常使用过程中,一般每5000km就要更换一次发动机机油及机油滤清器,每20000~40000km更换一次空气滤清器,每60000~80000km更换一次燃油滤清器,以保养手册为准。

一、空气滤清器

空气滤清器(图1-1)位于发动机进气系统中,主要负责清除空气中的微粒杂质,以减少气缸、活塞、活塞环、气门及气门座的早期磨损。

二、机油滤清器

机油滤清器(如图1-2)位于发动机润滑系统中,主要是对来自油底壳的机油中的有害杂质进行滤除,以将洁净的机油供给曲轴、连杆、凸轮轴、活塞环等运动件,起到润滑、冷却、清洗作用,从而延长这些零部件的使用寿命。

三、发动机机油

发动机机油除了具有润滑作用,还有清洁、冷却、防锈、密封等作用。丰田原厂发动机机油如图1-3所示。

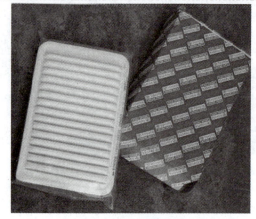 

图1-1 空气滤清器　　　　　图1-2 机油滤清器

（1）润滑作用　发动机机油在运动零件的所有摩擦表面之间形成连续的油膜，起到润滑及降低摩擦阻力的作用。

（2）清洁作用　发动机机油可以带走摩擦表面产生的金属碎末，并冲洗掉沉积在气缸活塞、活塞环及其他零件上的积炭。

（3）冷却作用　发动机机油在循环过程中流过零件工作表面，可以冷却并降低发动机的工作温度。

（4）防锈作用　发动机机油有防止发动机内部零件发生锈蚀的作用。

（5）密封作用　发动机机油可以在活塞环和气缸之间形成有效密封油膜，从而防止燃油混合气泄漏。

四、燃油滤清器

燃油滤清器的作用是把含在燃油中的氧化铁、粉尘等固体杂物除去，防止燃油供给系统堵塞（特别是喷油器），确保发动机稳定运行，提高可靠性。

燃油滤清器的位置主要有两种，一种是安装在底盘上的燃油滤清器，简称外置式燃油滤清器；另一种是集成于燃油泵总成中的燃油滤清器（图1-4），简称内置式燃油滤清器。

图1-3 丰田原厂发动机机油　　　　　图1-4 燃油滤清器

实际操作

一、更换空气滤清器

1)如图1-5所示,打开空气滤清器壳体盖,从空气滤清器壳体内拆出空气滤清器。

2)清除空气滤清器壳体内部的所有碎屑,然后按照与拆卸相反的顺序安装新的空气滤清器,如图1-6所示。

注意: 空气滤清器各结合部位的垫片或密封圈不得漏装或错装,以免空气堵塞。此外,空气滤清器蝶形螺钉不要拧得过紧,以防压坏空气滤清器。

空气滤清器

图1-5 拆卸空气滤清器

图1-6 安装空气滤清器

二、更换发动机机油

1)拆下放油螺塞,并排放发动机机油,如图1-7所示。

2)发动机机油排放干净后使用新垫圈,重新安装放油螺塞。

3)使用抹布将放油螺塞的油迹擦干净,如图1-8所示。

4)向发动机内加注原厂发动机机油。

图1-7 排放发动机机油

图1-8 擦干净放油螺塞油迹

三、更换机油滤清器

1)排出发动机机油。

2)如图1-9所示,使用机油滤清器扳手,拆下机油滤清器。

3）确保旧的机油滤清器橡胶密封圈不粘附在发动机机油滤清器底座表面上，同时检查新机油滤清器上的螺纹和橡胶密封圈要一致。将发动机机油滤清器底座表面擦拭干净，然后在机油滤清器橡胶密封圈上涂抹一薄层发动机机油。

4）手工安装机油滤清器，待橡胶密封圈安装就位后，使用专用机油滤清器扳手顺时针拧紧机油滤清器。

5）如图1-10所示，向发动机加注发动机机油至规定的位置，运转发动机3min以上，然后检查是否漏油。

图1-9　拆卸机油滤清器

图1-10　加注发动机机油

四、更换燃油滤清器

1）释放燃油系统的油压
① 起动发动机。
② 在发动机运转时拔下燃油泵继电器。
③ 待发动机自行熄火后，再起动发动机。起动发动机两三次，可完全释放燃油压力。
④ 关闭点火开关，装上燃油泵继电器。

2）将燃油滤清器总成从燃油箱中拆下，如图1-11所示。

3）拆下旧燃油滤清器，然后按照正确的方法装上新的同型号燃油滤清器，如图1-12所示。

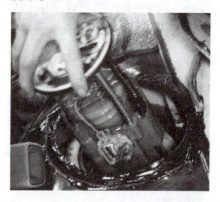

图1-11　拆卸燃油滤清器总成

新燃油滤清器　　旧燃油滤清器
图1-12　更换燃油滤清器

4）按照正确的方法安装燃油滤清器总成到燃油箱内，如图1-13所示。

5）擦净流出的汽油后，将点火开关旋至ON位再关闭，如此反复进行数次，使燃油系统建立起油压。

6）起动发动机，检查连接处是否漏油。如果没有泄漏，则安装燃油滤清器总成盖板，如图1-14所示。

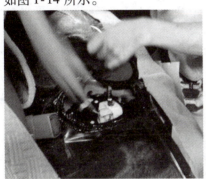
图1-13　安装燃油滤清器总成

图1-14　安装燃油滤清器总成盖板

维修案例

1. 雅阁轿车加速困难

【故障现象】

一辆2013年款雅阁2.4L轿车，车主反映该车怠速不稳，加速困难。

【故障诊断与排除】

1）首先连接好燃油压力表，然后打开点火开关，起动汽车，将发动机转速提高到3500r/min，此时燃油压力为280kPa（正常压力应为380~430kPa），说明燃油系统不正常。

2）关闭点火开关，在5min内燃油压力保持在250kPa，说明燃油系统没有泄漏，根据维修经验判断，此现象一般为燃油滤清器堵塞。

3）拆下燃油泵总成，检查发现燃油泵滤网粘有泥沙，故障确实为燃油滤清器堵塞。

4）更换燃油泵滤网和燃油滤清器，然后将燃油箱内多余的汽油放出来，将燃油箱内的泥沙处理干净。

5）重新安装燃油泵总成，然后重新添加汽油，对汽车进行路试，加速性能良好，故障彻底排除。

2. 雷克萨斯轿车发动机气门液压挺柱异响

【故障现象】

一辆2012年款雷克萨斯ES250轿车，车主反映该车怠速运转时，液压挺柱异响不明显，怠速运转一段时间后，响声消失，但高速运转时，异响明显。

【故障诊断与排除】

1）检查发现发动机机油量正常，但是发动机机油发黑，说明该车已经长时间没有更换过发动机机油了。

2）驾驶汽车进行路试，发现发动机在高速运转时，机油压力警告灯间歇性闪亮，于是首先考虑是液压挺柱润滑不到位所致。

3）检测发动机机油压力，发现机油压力偏低，说明发动机润滑不良引起发动机气门液压挺柱异响。

4）排放发动机机油，然后拆下发动机机油滤清器，发现机油滤清器滤芯内布满油泥，如图1-15所示。

5）更换机油滤清器滤芯（图1-16）和发动机机油后，发动机气门液压挺柱异响的现象消除，故障排除。

图1-15　旧机油滤清器滤芯

图1-16　更换机油滤清器滤芯

3. 凯美瑞轿车发动机正时室响

【故障现象】

一辆2013年款凯美瑞2.0L轿车，车主反映发动机怠速运转时，正时室内有"啪啪"的清脆金属敲击声，高速时响声更加明显。

【故障诊断与排除】

1）使用点火正时灯检查点火提前角为8°，符合要求。

2）检查发现发动机机油液面正常，用手摸机油能感觉到机油太稀，黏度不够，检查发动机机油压力，怠速时比正常值低60kPa，初步判断为使用劣质的发动机机油所致。当高温时机油黏度低，造成润滑系统各部泄压较大，不能建立足够油压，从而产生异响。

3）更换丰田原厂发动机机油后试车，响声比原来减弱，运转一会后异响完全消失，故障排除。

 你学会了吗？

1. "三滤"及发动机机油各有什么作用？

2. 如何更换空气滤清器？
3. 如何更换发动机机油？
4. 如何更换机油滤清器？
5. 如何更换燃油滤清器？

第 2 天　发动机冷却液的更换

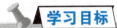 学习目标

1. 了解发动机冷却液的作用及冷却系统的工作原理。
2. 掌握发动机冷却液的更换周期。
3. 熟悉发动机冷却液的更换方法。

 基础知识

一、发动机冷却液的作用及冷却系统工作原理

如图 1-17 所示，发动机冷却系统通过水泵使发动机冷却液在气缸盖和气缸体中循环，发动机冷却液从发动机吸热，并通过散热器释放到大气中，然后返回到发动机，把发动机温度调至最佳水平。发动机冷却系统的工作状况主要分为小循环和大循环，具体如下：

1）节温器安装于散热器的出水管路（即发动机进水口）或气缸盖出水管路中，它受发动机冷却液温度的控制来决定冷却液的循环路线。当发动机刚刚起动时，发动机冷却液温度很低，此时节温器关闭水管与散热器的通路，从气缸盖水套流出的发动机冷却液通过连接水管直接进入水泵，并经水泵送入气缸体水套。由于发动机冷却液不经散热器散热，可使发动机温度迅速提高，这种循环方式称为小循环。

2）当发动机冷却液温度高于 80℃ 时，节温器将直接通往水泵的小循环通路关闭，从气缸盖水套流出的发动机冷却液全部进入散热器进行散热。散热后的发动机冷却液在水泵的抽吸下进入气缸体水套进行循环。由于经过散热器散热，可使发动机冷却液的温度迅速下降，避免发动机过热，这种循环方式称为大循环。

二、发动机冷却液的更换周期

发动机冷却液的更换周期会因车型不同而有所差异，具体需要参考具体车型的保养手册的有关规定。以雅阁轿车为例，长效发动机冷却液首次为行驶 10 年更换一次，之后每行驶 100000km 或 5 年更换一次。

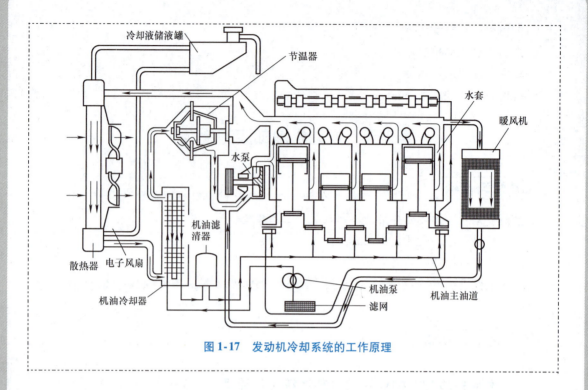

图 1-17 发动机冷却系统的工作原理

实际操作

发动机冷却液的更换方法如下：

1）确保发动机和散热器均已冷却到可以触摸的温度。

2）拆下发动机冷却液储液罐盖，如图 1-18 所示。

3）拆下散热器排放塞，排放冷却液，如图 1-19 所示。拆卸散热器排放塞之前应准备一个容器盛装发动机冷却液，禁止直接排到地面或水沟。

4）排空发动机冷却液后，使用新垫圈重新安装排放塞，并将其拧紧。

图 1-18 拆下冷却液储液罐盖

图 1-19 排放冷却液

5）加注原厂规定的发动机冷却液至储液罐的 MAX（上限）标记，如图 1-20 所示。

图 1-20 加注冷却液

6）拧紧冷却液储液罐盖。

7）起动发动机，使发动机预热到正常工作温度（散热器电子风扇至少运转两次）。

8）关闭发动机。检查储液罐液位，如果需要，则添加原厂规定的发动机冷却液。

9）再次运转发动机并检查是否泄漏发动机冷却液。

10）添加完发动机冷却液后应使用风枪将溢出的发动机冷却液吹干净，否则将有导致零部件腐蚀的可能性。

 维修案例

马自达 6 轿车发动机冷却液温度过高

【故障现象】

一辆 2013 年款马自达 6 2.0L 轿车，车主反映当速度超过 90km/h 时，发动机温度就会偏高，甚至"开锅"，发动机冷却液储液罐盖处有水汽溢出。

【故障诊断与排除】

1）首先驾驶汽车进行路试，当速度超过 90km/h 时，观察发动机冷却液温度表指针的转动，可知冷却液温度很快上升，甚至出现"开锅"现象。

2）检查电子风扇的工作情况，当发动机冷却液温度为 95℃时，电子风扇低速转动；当发动机冷却液温度达到 105℃时，电子风扇高速档正常运行，由此判断电子风扇没有任何故障。

3）询问车主了解到，该车一个星期前更换过发动机冷却液并清洗过发动机散热器，而且是从汽配店购买发动机冷却液自己更换的。根据维修经验判断，该车的故障是由于添加了劣质的发动机冷却液导致发动机冷却性能下降引起的。

4）更换马自达原厂发动机冷却液后，故障排除。

 你学会了吗？

1. 发动机冷却液的作用是什么？
2. 发动机冷却系统的工作原理是怎么样的？
3. 发动机冷却液的更换周期是如何规定的？
4. 如何更换发动机冷却液？

第3天　发动机传动带养护

学习目标

1. 熟悉发动机传动带的作用及布置。
2. 掌握发动机传动带的更换周期。
3. 掌握发动机传动带的检查及更换方法。

基础知识

一、发动机传动带的作用及布置

发动机传动带将发动机曲轴旋转产生的动力，通过传动带驱动各种辅助机构运转，如空调压缩机、动力转向油泵、发电机等，故又称之为驱动带。发动机传动带的布置结构会因车型不同而有所差异，但它们的功能都是动力传输。以雅阁轿车发动机传动带为例，它的布置结构如图1-21所示。

图1-21　发动机传动带的布置结构

二、发动机传动带的更换周期

更换发动机传动带的周期应以维修手册为准，一般每60000km（或3年）更换一次，有些规定每100000km更换一次，应具体视情况而定。当检查发现发动机传动带有裂纹时即应更换。

> 实际操作

一、发动机传动带的检查

1）如图 1-22 所示,检查发动机传动带是否有裂纹或损坏。如果有裂纹或损坏,则更换发动机传动带。

2）检查发动机传动带是否有油污或异响,如果有,则应更换新的发动机传动带。

3）如图 1-23 所示,检查发动机传动带的松紧度,选择在最长的没有支撑的传动带跨度中间用拇指施加适度的压力,如果传动带的压下量在 10mm 左右,则认为传动带张力正好合适;如果压下量过大,则认为传动带的张力不足;如果传动带几乎不出现压下量,则认为传动带的张力过大。

二、发动机传动带的更换

以日产轿车为例,发动机传动带的更换方法如下:

1）如图 1-24 所示,将扳手固定在发动机传动带自动调节张紧器上,然后慢慢转动扳手。最后拆下发动机传动带,如图 1-25 所示。

图 1-22 检查传动带是否有裂纹或损坏

图 1-23 检查传动带的松紧度

图 1-24 扳动自动调节张紧器

图 1-25 拆下发动机传动带

2）按照原来旧发动机传动带的绕法,将新的传动带套到发电机等的带轮上,如图 1-26所示。

3）如图1-27所示，再次用扳手扳动自动调节张紧器，然后将传动带套到自动调节张紧器带轮上即可完成传动带的安装。

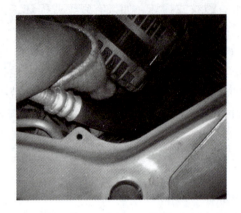
图1-26　安装新的传动带

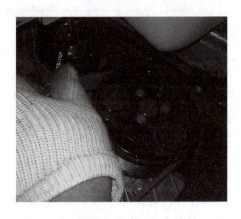
图1-27　再次扳动自动调节张紧器

4）起动发动机，让发动机怠速运转，检查发动机传动带的工作情况（图1-28）。如果其恢复正常，则更换工作结束，否则应排除其他故障。

图1-28　检查发动机传动带的工作情况

你学会了吗?

1. 发动机传动带有什么作用？
2. 发动机传动带是如何布置的？
3. 发动机传动带更换周期是多少？
4. 发动机传动带如何检查？
5. 如何更换发动机传动带？

第4天　燃油泵及燃油传感器的检查与养护

学习目标

1. 了解燃油泵的控制电路。
2. 了解燃油传感器的控制电路。
3. 掌握燃油泵的检查与养护。
4. 掌握燃油传感器的检查方法。

基础知识

一、燃油泵

燃油泵是电喷汽车燃油喷射系统的基本组成之一，作用是把燃油从燃油箱中吸出、加压后输送到燃油管中。由于它频繁工作，出现故障的频率较高，所以要定期对燃油泵进行养护。燃油泵在车上有外置式燃油泵和内置式燃油泵两种。目前的轿车大多采用的是内置式燃油泵。

燃油泵的控制形式多种多样，但目前中高级轿车均采用发动机控制单元控制，如图1-29所示。在点火开关旋至ON位2s后，当起动发动机信号输入时以及当发动机工作时，燃油泵继电器处于接合状态，燃油泵开始工作。

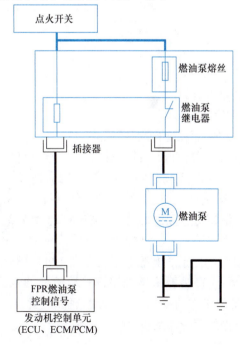

图1-29　燃油泵的控制电路

二、燃油传感器

燃油传感器安装在燃油箱内,用来测量燃油箱的燃油量。它一般与燃油泵、燃油滤清器集成为一体,形成燃油泵总成。燃油传感器主要由浮子和可变电阻、滑动接触片等组成,它的控制电路如图1-30所示。

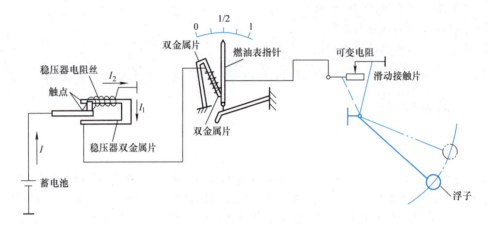

图1-30 燃油传感器的控制电路

实际操作

一、燃油泵的检查

(1) 确认燃油泵电路是否有故障

1) 将点火开关转至关闭,等待10s。

2) 将点火开关转至接通,但发动机不运转。

3) 听燃油泵工作的声音。燃油泵应能工作2s,若能听到燃油泵工作2s,则表示燃油泵控制电路正常;若不能听到燃油泵工作的声音,则应进行下一步检查。

(2) 检查燃油泵的电源电路 首先断开燃油泵线束插头,在燃油泵电源端子(4芯插头1号端子)一侧接上测试灯,测试灯另一端搭铁,如图1-31所示。将点火开关转至接通,若测试灯不点亮,则应维修燃油泵的接地电路或燃油泵与熔丝之间的电路;若测试灯能正常点亮2s,则说明燃油泵的电源电路正常,应更换燃油泵。

(3) 通电检查燃油泵 直接拆除燃油泵,然后给燃油泵提供12V的蓄电池电源(图1-32),若能听到燃油泵工作的声音,则表示燃油泵正常,应排除燃油泵控制电路故障;若不能听到燃油泵工作的声音,则应更换燃油泵。

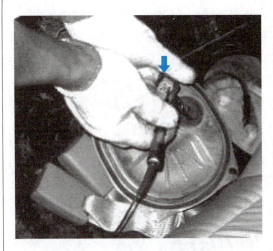

图1-31　检查燃油泵的电源电路

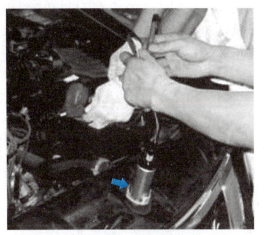

图1-32　通电检查燃油泵

二、燃油泵的养护

1）拆除燃油泵滤网，如图1-33所示。

2）如图1-34所示，使用清洗剂把燃油泵滤网清洗干净，然后按照与拆卸相反的顺序组装好燃油泵，并安装到燃油箱内。

图1-33　拆除燃油泵滤网

图1-34　清洗燃油泵滤网

三、燃油传感器的检查

1）从燃油箱上拆下燃油泵总成。

2）浮子位于E（无）、LOW（低燃油液位指示灯）、1/2（一半）与F（满）位置时，测量燃油泵总成4芯插头1号端子与3号端子之间的电阻，也可以直接测量燃油传感器的2个接线柱，如图1-35所示。

F 位置时应为 20Ω 左右，1/2 位置时应为 200Ω 左右，LOW 位置时应为 550Ω 左右，E 位置时应为 750Ω 左右。此外，在浮子缓慢移动的过程中，电阻值应均匀地变化，如果不符合规定，则要更换或修复燃油传感器。

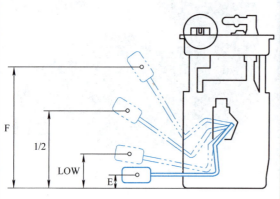

a）燃油传感器测量示意图　　　　　　　b）燃油传感器实际测量

图 1-35　燃油传感器检查

 维修案例

1. 全新迈腾轿车发动机无法起动

【故障现象】

一辆 2013 年款全新迈腾 1.4TSI 轿车，该车起动时起动机工作正常，但发动机无法起动。

【故障诊断与排除】

1）如图 1-36 所示，连接 VAS 5052 检测发动机系统，检测时无故障码。

2）读取发动机控制单元数据流 140 第 3 组数据，第 3 组显示的高压燃油压力的实际值为 4.08bar（408kPa），明显小于怠速时的正常值 40bar（4000kPa）左右。一般正常汽车燃油泵压力值为 6.0bar（600kPa）左右，说明燃油泵压力不足。

3）检查燃油泵控制单元供电熔丝 SC10 和 SC36，供电正常。

图 1-36　用 VAS 5052 检测发动机系统

4)拔下燃油泵控制单元 J538 插头,打开点火开关,用万用表分别测量 T10p/3、T10p/1 脚与 T10p/5、T10p/6 脚之间电压,为电源电压,正常,如图 1-37 所示。测量燃油泵 G6 线圈电阻,即针脚 T5a/1 与 T5a/5 之间的电阻时,发现电阻为无穷大,说明燃油泵内部故障。

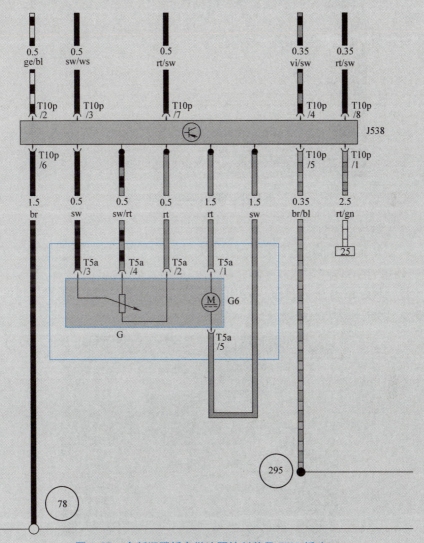

图 1-37　全新迈腾轿车燃油泵控制单元 J538 插头

5)更换燃油泵后,汽车正常起动,读取发动机控制单元数据流 140 第 3 组数据,怠速时第 3 组显示的高压燃油压力值为 39.61bar(3961kPa),达到标准值要求(图 1-38),故障排除。

2. 思铂睿轿车发动机起动困难且容易熄火

【故障现象】

一辆 2012 年款思铂睿 2.4L 轿车,该车发动机起动困难,有时需要转动点火钥匙几次才能起动,起动后也会经常出现熄火现象。

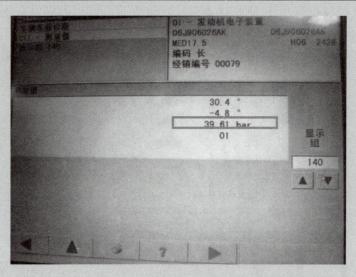

图1-38 高压燃油压力标准值

【故障诊断与排除】

1）检查发动机燃油压力、火花塞、点火火花,均没有异常情况。

2）使用故障诊断仪读取故障码,没有任何显示。

3）怀疑气缸压缩压力过低,使用气缸压力表检查气缸压缩压力为 900kPa 左右（图1-39）,没有压力过低的现象。

气缸压力表

图1-39 检查气缸压缩压力

4）初步判断为点火性能不佳,将 4 个点火线圈都更换后,发动机故障情况有所减轻,但是依然出现,故障根源不在点火线圈。

5）将同型号的另一辆车的燃油泵总成拆下进行替换后，将点火开关置于起动档位置时，发动机立即起动。

6）对车辆进行路试，加速良好，不再出现自动熄火的现象。

7）更换新的燃油泵后，故障排除。

3. 明锐轿车行驶中突然熄火

【故障现象】

一辆 2014 年款明锐 2.0L 轿车，车主反映该车行驶中突然熄火，熄火后查看发现是燃油泵熔丝熔断，更换新的熔丝后行驶大约 30min，汽车又一次熄火，检查发现燃油泵熔丝再次熔断。

【故障诊断与排除】

1）根据故障现象判断与燃油泵相连接的线路有短路的可能，检查线路没有发现异常。

2）更换新的熔丝，起动汽车，然后用故障诊断仪检查，没有故障码。大约运转 10min 后发动机熄火，检查发现燃油泵熔丝熔断。从熔断的熔丝上看出上面没有黑色的圆点，这说明熔丝是慢慢熔断的（如果熔丝是立即熔断的，那么熔丝断面上应该有黑色的圆点）。

3）拆下燃油泵检查，发现燃油泵两触点有被烧蚀的痕迹，是燃油泵内部电阻过大造成熔丝烧蚀的情况。

4）更换新的燃油泵，故障排除。

你学会了吗?

1. 燃油泵的控制电路是怎样的?
2. 燃油传感器的控制电路是怎样的?
3. 如何检查燃油泵?
4. 如何养护燃油泵?
5. 如何检查燃油传感器?

第 5 天　喷油器的检查与清洗

学习目标

1. 了解喷油器的作用与原理。
2. 了解喷油器的种类。
3. 掌握喷油器的清洗方法。
4. 熟悉喷油器的雾化测试方法。

 **基础知识**

一、喷油器的作用与原理

喷油器通常安装在进气歧管或气缸盖上,其作用是按照发动机控制单元(ECU)计算出的喷油脉宽(喷油量)向进气歧管或气缸内喷射燃油。喷油器实际上是一个电磁阀,ECU通过控制其电磁阀线圈的电流通断来控制喷油器的工作,当有电流通过时,喷油器柱塞被吸引,针阀上升,即实现燃油喷射,如图1-40所示。

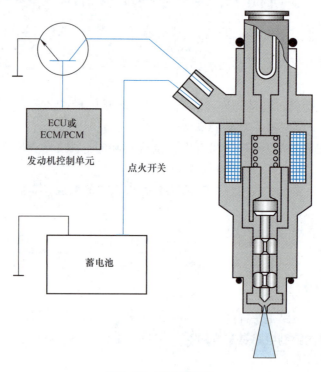

图1-40 喷油器原理

二、喷油器的种类

1)按喷油器结构不同,可以分为轴针式喷油器和孔式喷油器。

① 轴针式喷油器。轴针式喷油器主要由滤网、线束插接器、电磁线圈、回位弹簧、衔铁和针阀等组成,针阀与轴针制成一体,如图1-41所示。这类喷油器喷口不易堵塞,但响应速度较差。

② 孔式喷油器。孔式喷油器与轴针式喷油器的主要区别是阀门不是针阀而是球阀,如图1-42所示。它的喷口有6~8个喷孔,雾化质量较好,响应速度快,但容易堵塞。

2)按电阻值大小不同,可分为高阻值喷油器(电磁线圈电阻值为13~17Ω)和低阻值喷油器(电磁线圈电阻值为2~3Ω)。

3)按电磁线圈的驱动方式不同,可分为电流驱动和电压驱动。电流驱动方式只适用于低阻值喷油器,电压驱动方式对高阻值喷油器和低阻值喷油器均可使用。

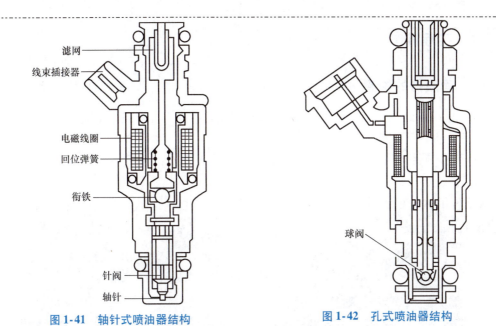

图 1-41　轴针式喷油器结构　　　　图 1-42　孔式喷油器结构

① 电流驱动方式。喷油器电流驱动方式是蓄电池通过点火开关和主继电器直接给喷油器和 ECU 供电，ECU 控制喷油器和主继电器线圈的搭铁回路，如图 1-43 所示。

在采用电流驱动方式的喷油器控制电路中，不需附加电阻器，低阻值喷油器直接与蓄电池连接，通过 ECU 中的晶体管对流过喷油器线圈的电流进行控制。

② 电压驱动方式。低阻值喷油器采用电压驱动方式时，必须加入附加电阻器，如图 1-44 所示。因为低阻值喷油器线圈的匝数较少，加入附加电阻器，可减小工作时流过线圈的电流，以防止线圈发热而损坏。

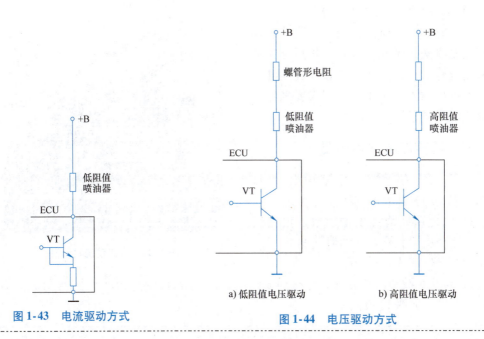

图 1-43　电流驱动方式　　　　图 1-44　电压驱动方式

实际操作

一、喷油器的检查

1）如图1-45所示,检查喷油器安装孔周围是否存在燃油泄漏的情况。如果有泄漏,则应更换喷油器密封圈。

2）如有必要,则拆下喷油器检查喷油器密封圈是否损坏(图1-46)。如有损坏,则应及时更换。

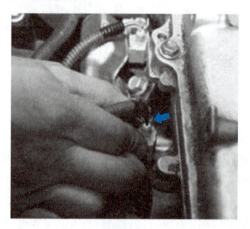

图1-45 检查喷油器安装孔

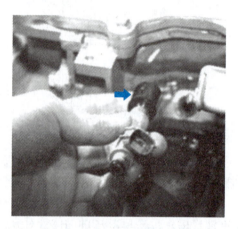

图1-46 检查喷油器密封圈

二、人工清洗喷油器

1）从发动机上拆下喷油器。

2）如图1-47所示,用专用连接器连接喷油器清洗剂罐和喷油器,然后给喷油器间断地通12V的蓄电池电源,让喷油器清洗剂将喷油器清洗干净,同时要确保喷射雾化情况良好。

三、超声波清洗喷油器

1）如图1-48所示,往超声波清洗仪槽内倒入专用喷油器清洗剂。

2）在超声波清洗仪槽内放入清洗支架,在清洗支架上放好喷油器(图1-49),清洗剂要浸过清洗支架表面。

3）将超声波清洗仪的线束连接到喷油器上,然后打开超声波清洗仪电源开关并按下超声波键,如图1-50所示。

图1-47 人工清洗喷油器

图 1-48　倒入专用喷油器清洗剂

图 1-49　放好喷油器

4）如图 1-51 所示，设置好清洗时间即可自行清洗。

图 1-50　按下超声波键

图 1-51　设置清洗时间

四、喷油器的雾化测试

1）从汽车上拆下喷油器，然后将它们装在喷油器测试仪上，如图 1-52 所示。

2）将驱动线插头依次插入喷油器插接器中，如图 1-53 所示。

图 1-52　安装喷油器

图 1-53　安装驱动线

3）如图 1-54 所示，调整喷油器的测试参数，包括油压、转速、喷油脉宽、测试时间等。

4）如图 1-55 所示，测试喷油器喷入的油量、雾化情况等。当液面达到量筒的 2/3 时，按下停止键或暂停键，观测在不同工况下各喷油器的流量均衡性。一般所有喷油器的喷油量偏差不应超过 2%，标准喷油量为每 15s（2 次或 3 次）60~73mL，各喷油器间的差别为 13mL 或更少，各喷油器雾化要均匀。

图1-54 调整测试参数

图1-55 喷油器雾化测试

维修案例

1. 宝马X6轿车起动后怠速抖动

【故障现象】

一辆2013年款宝马X6 3.0L轿车，车主反映该车早上起动后会有1min左右的怠速抖动。

【故障诊断与排除】

1）首先用宝马专用诊断仪查询故障码，发现为第4缸失火，考虑到失火原因比较多，随即更换所有的火花塞，对换第4缸和第3缸的点火线圈，消除所有的故障码，试车一切良好。

2）等到冷车时再次起动发动机，怠速抖动，随即立刻熄火，读取故障码依然为第4缸失火。

3）拆下第4缸火花塞发现该缸火花塞潮湿且有汽油味，而第3缸火花塞干燥（图1-56），说明第4缸喷油器漏油。

4）拆下第4缸喷油器发现该缸喷油器严重积炭，而第3缸喷油器干净（图1-57），说明第4缸喷油器有故障，应更换该缸喷油器。

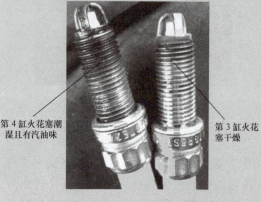

图1-56 第3缸和第4缸火花塞情况

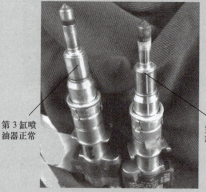

图1-57 第3缸和第4缸喷油器情况

5)选择原厂的喷油器,然后在包装盒塑料支架上找到喷油器的匹配值,如图1-58所示。

6)该车为缸内直喷发动机,安装好喷油器后需要连接宝马专用诊断仪匹配喷油器。

7)进入喷油器的匹配界面,然后根据提示输入喷油器的匹配值。

8)喷油器匹配成功,如图1-59所示。

图1-58 喷油器的匹配值

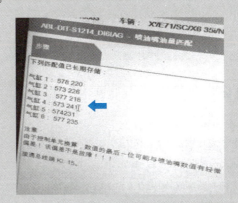
图1-59 喷油器匹配成功

9)起动发动机,没有再出现怠速抖动故障,故障排除。

2. 凯美瑞轿车发动机怠速不稳

【故障现象】

一辆2013年款雅阁2.4L轿车,车主反映该车发动机怠速不稳。

【故障诊断与排除】

1)首先拔下节气门体位置传感器6芯插头进行检查,端子触点接触良好。

2)拆下节气门体,检查其开闭动作情况,伸缩平顺,无卡滞现象。

3)检查火花塞,间隙为1.1mm,符合技术要求。用发动机免拆清洗机清洗发动机燃油系统之后,故障仍未排除。

4)用燃油压力表测量燃油压力为410kPa(标准值为380~430kPa),属于正常范围。

5)拆下喷油器,发现喷油器内有积炭,使用超声波清洗仪清洗喷油器后,发动机怠速正常,故障排除。

3. 科鲁兹轿车热车起动困难

【故障现象】

一辆2013年款科鲁兹1.8L轿车,车主反映该车在冷车时能够顺利起动,但有时热车起动特别困难。

【故障诊断与排除】

1)根据维修经验,混合气过浓往往是造成热车不易起动的原因。由于该故障现象直接与发动机冷却液温度有关,因而首先检查发动机冷却液传感器及其控制线路,均属正常。

2)在检查过程中发现,该车热车熄火后立即起动,起动良好,但熄火后等候10min,再起动就非常困难。于是接好燃油压力表,起动发动机,测量燃油压力,压力正常。熄火后关闭燃油压力表的阀门,再看燃油压力表,发现燃油压力下降很快,说明燃油分配管至喷油器之间漏油。

3)拆下4个喷油器,然后进行雾化测试和泄漏测试,发现4个喷油器都有严重的漏油现象。

4)全部更换新的喷油器后,无论冷车起动还是热车起动均正常,故障排除。

你学会了吗?

1. 喷油器的作用是什么?
2. 喷油器是如何工作的?
3. 喷油器的种类有哪些?
4. 如何清洗喷油器?
5. 喷油器如何进行雾化测试?

第6天　清洁节气门

学习目标

1. 了解节气门清洁的作用。
2. 掌握节气门清洁的方法。

基础知识

节气门体上的节气门经常附着一层厚厚的积炭(图1-60),随着发动机工作时间的加长,积累的积炭越来越多,到一定程度时就会直接影响到发动机怠速,导致发动机怠速不稳,同时也会出现异常耗油的情况。因此,需要定期清洗节气门体。

通常情况下,4S店会建议车主行驶2万km左右时进行清洗,当然不同车型的情况不同,有些车节气门容易脏,严重时行驶5000km就需要清洗一次。

图1-60　节气门积炭

实际操作

1）将发动机暖机后熄火,拆卸节气门体,检查节气门体表面有无损伤。

2）堵住节气门体旁通道口,不要让节气门清洗剂进入旁通道、节气门体电动机及传感器内。

3）用节气门清洗剂喷洗节气门体,如图1-61所示。

4）如图1-62所示,用干净的抹布将节气门体擦拭干净,确保节气门体内无积炭及油泥即可。

图1-61 喷洗节气门体

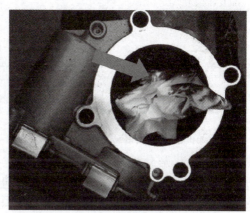
图1-62 擦拭干净节气门体内的积炭

5）如图1-63所示,重新安装节气门体、空气旁通道口和进气软管等。

6）起动发动机使发动机在怠速状态下运转1min左右,然后观察发动机的怠速情况,如有必要则按照规定对节气门体进行匹配,如图1-64所示。

图1-63 重新安装节气门体

图1-64 对节气门体进行匹配

 你学会了吗?

1. 节气门清洁有什么作用?
2. 如何清洁节气门?

第7天　清除发动机积炭

学习目标

1. 掌握发动机积炭的检查。
2. 掌握发动机积炭的清除方法。

实际操作

一、发动机积炭的检查

1）拆卸发动机火花塞。

2）从火花塞孔处插入内窥镜视频管。

注意：内窥镜检查发动机积炭主要是从喷油器孔或火花塞孔处插入内窥镜视频管，视频管可任意调整，通过液晶显示器可以观察到发动机或进气门后方是否附有积炭。

3）如图1-65所示，调整内窥镜视频管位置，观察进气门及发动机内部的积炭情况。

4）通过液晶显示器显示发动机进气门及燃烧室的积炭。

图1-65　发动机积炭的检查

二、发动机积炭的清除

1）拆下进气歧管相关附件，然后取下进气歧管，如图1-66所示。

2）如图1-67所示，用一字螺钉旋具将进气歧管内的积炭刮一遍，然后拆下进气隔板。

图1-66　取下进气歧管

图1-67　刮一遍进气歧管内的积炭

3）如图1-68所示，使用化油器清洗剂将进气歧管内的积炭彻底清洗干净。

4）用一字螺钉旋具将气门座内的积炭刮一遍，如图1-69所示。

图1-68　用化油器清洗剂清洗进气歧管

图1-69　刮一遍气门座内的积炭

5）用喷油器清洗剂将气门座内的积炭清洗干净，如图1-70所示。

6）用干净的棉抹布将气门座擦拭干净，如图1-71所示。

图1-70　清洗气门座内的积炭

图1-71　气门座擦拭干净

7）将进气隔板的积炭刮洗干净，如图1-72所示。

8）将进气隔板重新安装在进气歧管内，如图1-73所示。

图1-72　进气隔板刮洗干净

图1-73　安装进气隔板

9）如图1-74所示，按照相反的顺序安装好进气歧管，然后起动发动机，确保发动机工作正常。

图 1-74　安装好进气歧管

 你学会了吗?

1. 如何检查发动机积炭？
2. 如何清除发动机积炭？

第 8 天　三元催化器免拆卸清洗

 学习目标

1. 了解三元催化器清洗的作用。
2. 掌握三元催化器的清洗方法。

 基础知识

定期清洗三元催化器不但有助于提高车辆发动机性能，还可以减少排气系统氧传感器的频繁报警，非常适用于闭环电喷汽油车，一般车辆可在 1 万～2 万 km 进行清洗。清洗三元催化器需要使用三元催化保养剂（图 1-75），同时三元催化保养剂需要配合发动机免拆清洗机使用。三元催化保养剂可有效减少未燃烧混合气进入三元催化器，可以延长三元催化器的使用寿命，降低废气排放量，恢复发动机动力。

图 1-75　三元催化保养剂

 **实际操作**

1）首先对燃油系统进行泄压操作，然后将燃油进油管从喷油器分配管接口上拆下，如图1-76所示。

2）选择合适接头将喷油器分配管接口与发动机免拆清洗机的出液管连接好，如图1-77所示。确保发动机免拆清洗机出液管的阀门是关闭的，然后用一根软管将燃油泵的进油管连接好。

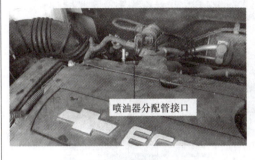

图1-76　拆卸燃油进油管　　　　　图1-77　连接好管路

3）如图1-78所示，打开燃油箱盖，然后将软管的另一端插入燃油箱加注口内，其目的是起动发动机时，燃油泵的燃油能够回流至燃油箱内。

4）首先打开发动机免拆清洗机加注口盖子，然后将三元催化保养剂加入发动机免拆清洗机内（图1-79），加注完毕后将加注口盖子拧紧。

图1-78　放置回油管　　　　　　　图1-79　加入三元催化保养剂

5）将压缩空气管接到发动机免拆清洗机的接气管接口，如图1-80所示。

6）打开发动机免拆清洗机出液管的阀门，如图1-81所示。

7）如图1-82所示，打开发动机免拆清洗机的旋钮，然后检查发动机免拆清洗机的空气压力，如果压力正常则不需要进行调整，如果压力不正常则将通过调压阀"＋"（增大）或"－"（减小）来调整空气压力。最后起动发动机，将转速保持在1500r/min左右，并可急加速几次，清洗完后三元催化后发动机自动熄火。

8）清洗完毕后断开气源，然后关闭出液管阀门，最后卸掉发动机免拆清洗机出液管，如图1-83所示。

9）如图1-84所示，从进油管上拆卸回油软管。重新装回燃油进油管，安装时确保油管卡子安装到位。

图 1-80　连接压缩空气管

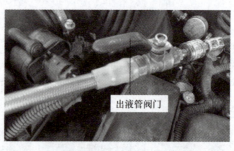

图 1-81　打开出液管的阀门

图 1-82　打开发动机免拆清洗机的旋钮

图 1-83　卸掉发动机免拆清洗机出液管

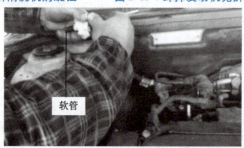

图 1-84　拆卸回油软管

你学会了吗?

1. 清洗三元催化器有什么作用?
2. 如何清洗三元催化器?

第 9 天　发动机燃油系统免拆卸清洗

学习目标

1. 了解发动机燃油系统免拆卸清洗的作用。
2. 熟悉发动机燃油系统的免拆卸清洗方法。

一、发动机燃油系统免拆卸清洗的作用

发动机燃油系统免拆卸清洗就是在不拆卸喷油器、燃油分配管、燃油滤清器、各油管接头、进气歧管、进气门等供油系统和进气系统各部件的前提下，清除燃油系统中的胶质和积炭等积垢（图1-85），从而恢复燃油系统功能，避免因人为拆卸而损坏喷油器及各接头密封圈，防止因燃油泄漏而引发火灾。

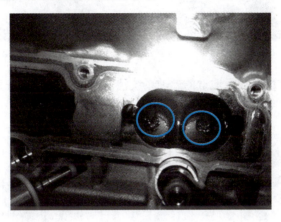

图1-85 发动机积垢

二、发动机燃油系统免拆卸清洗的注意事项

1）发动机燃油系统免拆卸清洗必须选择正规厂家生产的燃油系统清洗剂，否则将达不到清洗的效果。
2）清洗前打开燃油箱盖，释放燃油箱内的压力。
3）拆卸燃油管连接清洗设备之前，必须进行泄压操作，避免燃油喷出伤人。
4）清洗完成后照原样接好发动机的进油管，起动发动机并适当加速，检查各接口处及管路是否渗油、漏油。

一、发动机燃油系统免拆清洗

以东风日产轿车为例，发动机燃油系统免拆清洗过程如下：
1）首先对燃油系统进行泄压操作，然后将燃油进油管从发动机的连接点上拆下，如图1-86所示。
2）用一根软管将从燃油泵来的进油管连接好，另一端放到燃油箱加注口内；选择合适接头将燃油分配管与发动机燃油系统免拆清洗机出油管连接好，如图1-87所示。

图1-86 拆下燃油进油管

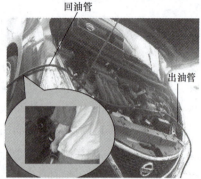

图1-87 连接管路

3）如图1-88所示，加入适量的燃油系统清洗剂，然后调整好发动机燃油系统免拆清洗机的燃油压力和空气压力。

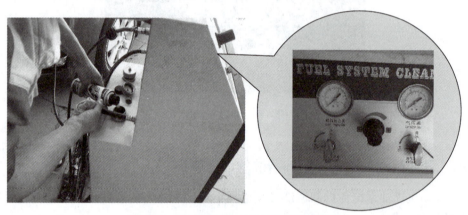

图1-88 发动机燃油系统免拆清洗机操作

4）如图1-89所示，起动发动机，将转速保持在1500r/min左右，并可急加速几次。清洗完发动机自动熄火，断开气源，卸掉发动机燃油系统免拆清洗机油管，装回发动机进油管即可。

图1-89 控制发动机转速

二、吊瓶免拆清洗仪清洗

1）选择高效燃油系统免拆清洗剂，然后将它倒入吊瓶免拆清洗仪中，如图 1-90 所示。

2）将吊瓶免拆清洗仪的燃油管连接至燃油的接头上。**注意：拆卸燃油管路之前必须进行泄压操作。**

3）把吊瓶免拆清洗仪接上压缩空气管路并调整好空气压力，打开吊瓶免拆清洗仪阀门。拔下燃油泵熔丝，起动发动机，将转速保持在 1500r/min 左右，对燃油系统进行免拆清洗，如图 1-91 所示。

4）清洗完发动机自动熄火，断开气源，卸掉吊瓶免拆清洗仪油管，装回发动机进油管，装回燃油泵熔丝并盖好燃油箱盖。

5）起动发动机，确保油管接头无泄漏即可。

图 1-90　加注燃油系统免拆清洗剂

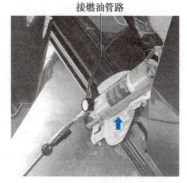

图 1-91　进行燃油系统免拆清洗

维修案例

1. 雅阁轿车发动机转速忽高忽低

【故障现象】

一辆 2012 年款雅阁 2.4L 轿车，车主反映该车怠速时发动机转速忽高忽低。

【故障诊断与排除】

1）使用本田故障诊断仪 HDS 对该车进行检测，无故障码。

2）检测燃油压力，略低。于是更换燃油滤清器后进行试车，故障依旧。

3）检查各种管路及进气软管，没有发现泄漏或损坏的现象。

4）拆下喷油器及节气门体进行检查，发现存在积炭，于是建议车主对进气系统及燃油系统进行免拆清洗，如图 1-92 所示。

5）如图 1-93 所示，使用 HDS 对节气门体进行匹配（怠速学习）后，起动发动机，怠速恢复正常，故障排除。

图 1-92　进气系统及燃油系统免拆清洗

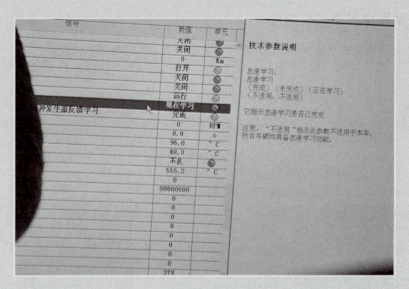

图 1-93 怠速学习

2. 凯美瑞轿车发动机加速无力

【故障现象】

一辆 2011 年款凯美瑞 2.4L 轿车，车主反映该车加速无力。

【故障诊断与排除】

1）首先进行试车，发现该车高速时加速无力，而且怠速不稳，排气管冒黑烟。

2）使用故障诊断仪检测，未见任何故障码。查看发动机数据流，此时发动机怠速为 600r/min，但空气流量计给出的数据是 24.75g/s，说明进气数据显然是偏高的。进一步观察，发现节气门处于标准怠速位置，这种情况表明此时不可能会有如此高的进气量。查看混合气状态数据，发现长、短期燃油修正量均达到 -20.4%，超过了调整限值。而混合气的实际空燃比仅为 0.821，距其目标值 0.896 仍有很大的差距。显然在这种状态下，发动机混合气的空燃比明显过浓，发动机无法正常运转。

3）将发动机怠速提高到 2500r/min 左右，负荷率仍然没有下降的趋势，而空气流量计数据却急剧增加，达到了 124.81g/s。

4）怠速运转时发动机是处于空载状态的，而此时却有着相当于中等负荷时的进气量，这显然不正常。从混合气状态数据和刺鼻的尾气判断，是由于混合气过浓造成的燃烧不良。

5）检查各种管路及进气软管，没有发现泄漏或损坏的现象。拆开节气门体，发现进气歧管内有严重的积炭。

6）将进气歧管及节气门的积炭清洁干净，再对进气系统及燃油系统进行免拆清洗，然后驾驶汽车进行路试，故障现象消除，故障彻底排除。

你学会了吗?

1. 发动机燃油系统免拆卸清洗的作用是什么?
2. 发动机燃油系统免拆清洗机是如何操作的?
3. 吊瓶免拆清洗仪清洗是如何操作的?

第10天 发动机润滑系统免拆卸清洗

学习目标

1. 了解发动机润滑系统免拆卸清洗的作用。
2. 了解发动机润滑系统免拆卸清洗的原理。
3. 熟悉发动机润滑系统免拆清洗的方法。

基础知识

一、发动机润滑系统免拆卸清洗的作用

发动机润滑系统免拆卸清洗就是在不拆卸润滑管路、接头及各油道的前提下,能够彻底清除发动机积炭(图1-94)、油泥(图1-95)、金属微粒,从而恢复润滑系统的润滑、清洁、冷却、密封和防腐蚀等功能,避免因人为拆卸而损坏润滑系统部件。清洗发动机后可以增强发动机动力,延长发动机的使用寿命。

图1-94 积炭

图1-95 油泥

二、发动机润滑系统免拆卸清洗原理

发动机润滑系统免拆卸清洗的原理(图1-96)就是利用润滑系统免拆清洗机与发动机连接,再加入相关特效润滑系统清洗剂,通过循环清洗可以将润滑系统主要污染物软化、分解、稀释,再通过加压吹出,使这些污染物排出发动机。

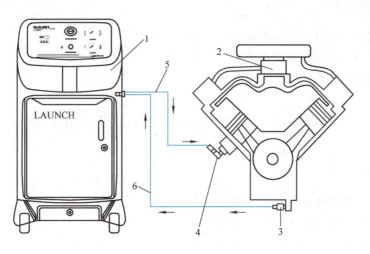

图1-96 发动机润滑系统免拆卸清洗原理

1—润滑系统免拆清洗机 2—发动机 3—油底壳孔
4—机油滤芯座 5—清洗出油管 6—清洗回油

实际操作

一、直接添加润滑系统清洁剂清洗

1)将发动机润滑系统清洁剂添加在发动机机油中(图1-97),然后让其怠速运转10min左右。

2)将发动机机油及油泥排放干净(图1-98)后,添加新的发动机机油即可。

图1-97 添加润滑系统清洁剂

图1-98 排放发动机机油及油泥

二、用润滑系统免拆清洗机清洗

1)举升车辆将旧发动机机油放掉,并拆下机油滤清器。

2)在油底壳放油螺塞孔和机油滤清器的安装处连接上快速接头,然后将润滑系统免拆清洗机的软管1连接至机油滤清器快速接头,将软管2连接至油底壳快速接头,如图1-99所示。

3）降下车辆，然后将压缩空气管连接到快速接头处，起动润滑系统免拆清洗机进行自动清洗，如图 1-100 所示。

4）清洗每辆车大约需要 15～30min，蜂鸣器鸣叫提示完成。

5）清洗完成后，拆卸发动机润滑系统清洗机。

6）重新更换发动机机油和机油滤清器，清洗工作完成。

图 1-99　安装润滑系统免拆清洗机管路

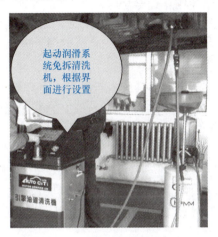

图 1-100　对润滑系统进行清洗

 维修案例

1. 雅阁轿车发动机气门声音杂乱

【故障现象】

一辆 2013 年款雅阁 2.4L 轿车，车主反映发动机怠速运转时，气门室有"啪啪"的清脆金属敲击声，高速运转时声音杂乱。

【故障诊断与排除】

1）汽车在 5000km 保养时，在发动机机油中加入发动机机油添加剂后不久便出现异响，根据维修经验，判断异响是气门声。

2）用听诊器仔细检查，各气门都有异响，检查机油压力则正常。

3）由于是加入发动机机油添加剂后出现异响，于是放出发动机机油，此时发现机油比正常机油稠，放置一会儿后，下层的机油更稠。更换新发动机机油后试车，发现气门异响变小，高速时噪声明显减小，说明气门润滑不良。

4）拆下气门室盖发现气门室内表面上有一层油泥，再装上气门室盖，放出发动机机油，用润滑系统免拆清洗机清洗发动机油道后，起动发动机进行检查，发动机气门不再有响声，故障排除。

2. 马自达 6 轿车机油压力警告灯间歇性点亮

【故障现象】

一辆 2012 年款马自达 6 2.0L 轿车，车主反映该车在冷车状态下机油压力警告灯正常熄灭，热车后开始闪烁，若此时关闭发动机再起动，机油压力警告灯熄灭，但几分钟后又开始闪烁。

【故障诊断与排除】

1）找到机油压力传感器，拔下线束插头，打开点火开关（发动机不运转），机油压力警告灯熄灭。将线束插头的端子搭铁，机油压力警告灯点亮，说明机油压力传感器线路正常。

2）检查机油压力传感器，发动机不运转时测量其端子与接地之间的阻值，结果导通；起动发动机，测量其端子与搭铁之间的阻值，结果为无穷大，说明机油压力传感器正常。

3）根据该故障现象，初步判断为机油压力不足，由机油滤网、机油油道堵塞引起。检查发动机机油黏度及技术状况均符合要求，机油油道堵塞的可能性较大。

4）用润滑系统免拆清洗机清洗发动机油道后，起动发动机，机油压力警告灯恢复正常，故障排除。

  你学会了吗?

1. 发动机润滑系统免拆卸清洗有什么作用？
2. 发动机润滑系统免拆卸清洗的原理是怎样的？
3. 如何清洗发动机润滑系统？

第 11 天　发动机冷却系统免拆卸清洗

  学习目标

1. 了解发动机冷却系统免拆卸清洗的作用。
2. 了解发动机冷却系统免拆卸清洗的原理。
3. 熟悉发动机冷却系统免拆清洗的方法。

  基础知识

一、发动机冷却系统免拆卸清洗的作用

发动机冷却系统免拆卸清洗就是在不拆卸散热器、储液罐、冷却水套及各管路和接头的前提下，能够迅速彻底地清除冷却系统中的水垢、铁锈等积垢（图 1-101），从而恢复冷却系统功能，避免因人为拆卸而损坏冷却系统部件，延长发动机的使用寿命。

二、发动机冷却系统免拆卸清洗的原理

发动机冷却系统免拆卸清洗的原理就是利用冷却系统免拆清洗机（图1-102）与发动机连接，再加入相关特效冷却系统清洗剂，通过循环清洗将冷却系统中的污垢软化、分解、稀释，再通过加压吹出使这些污物排出发动机。

图1-101　冷却系统中的积垢

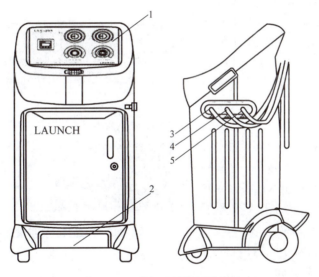

图1-102　冷却系统免拆清洗机

1—操作面板　2—抽屉　3—出水管　4—回水管　5—进气口

🔧 **实际操作**

一、直接添加冷却系统清洁剂清洗

1）将冷却系统清洁剂添加到散热器中（图1-103），然后让发动机怠速运转10min左右。

2）将发动机冷却液及污垢排放干净（图1-104）后，添加新的发动机冷却液即可。

注意：如果冷却系统过脏，必要时则应使用自来水冲洗散热器及发动机冷却水道后再次使用冷却系统清洁剂进行清洗。

图1-103 添加冷却系统清洁剂

图1-104 排放发动机冷却液及污垢

二、冷却系统免拆清洗机清洗

1）将冷却系统免拆清洗机连接到发动机冷却软管中，如图1-105所示。

2）将空气调压阀（AIR PRESSURE）的旋钮拉起，并顺时针转至压力表（AIR）指针指示为140kPa，按下按钮使清洗机开始对发动机冷却系统进行循环清洗。在定时器上设置清洗时间为5min左右。

3）当循环清洗进行5min后便可进行冲击清洗。将水压调节阀（WATER）旋钮逆时针旋转至水压表（WATER）指示到140kPa为止，不要超过140kPa。如果清洗的是比较旧的车辆，冲洗压力应适当减小，冲洗时间可在定时器上设置为5min。

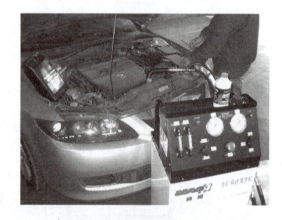
图1-105 冷却系统免拆清洗机进行清洗

4）将水压调节阀（WATER）旋钮顺时针旋转到"MIN"，再循环清洗5min。然后打开散热器排放塞，放掉所有冷却液并重新添加新的发动机冷却液即可。

维修案例

1. 马自达6轿车发动机温度过高

【故障现象】

一辆2012年款马自达6 2.0L轿车，车主反映该车怠速和低速下行驶时发动机温度过高，并且在高速行驶中发动机温度忽高忽低。

【故障诊断与排除】

1）首先检查发动机冷却系统，没有发现泄漏的情况。

2）起动发动机，当发动机温度升高时，电子风扇在低速档及高速档均正常工作。

3）打开散热器盖，发现散热器内有锈蚀的情况，说明该车发动机冷却功能下降。

4）使用冷却系统免拆清洗机清洗发动机冷却液系统，然后添加原厂的发动机冷却液，起动发动机进行检查，发动机温度正常，故障排除。

2. 雅阁轿车发动机温度高

【故障现象】

一辆2008年款雅阁2.4L轿车，车主反映该车在低速运行的时间过长时，发动机温度会过高，仪表板上的冷却液温度警告灯亮起，打开发动机舱盖可看到冷却液从储液罐的上盖处溢出，而此时冷却电子风扇却不转。

【故障诊断与排除】

1）用手摸散热器上、下软管，温度有差异，说明发动机冷却液在循环。

2）检查冷却电子风扇熔断器和线路，均正常。直接给冷却电子风扇电动机通电测试，冷却电子风扇电动机正常运转，说明故障在电子风扇控制系统中。

3）拔下散热器上发动机冷却液温度传感器的插头，然后对发动机冷却液温度传感器进行测试，发现该传感器处在冷态时的电阻值异常，初步判断是由发动机冷却液温度传感器故障引起的。

4）卸下发动机冷却液温度传感器，发现其安装孔不向外流发动机冷却液，用螺钉旋具向孔内捅了一下后，突然有发动机冷却液流出，并掉出一块水垢，说明故障由散热器水垢引起。

5）使用冷却系统免拆清洗机清洗发动机冷却系统，然后起动发动机进行检查，当发动机温度升高后，冷却电子风扇即可运转，发动机温度恢复正常，故障排除。

3. 奔驰轿车发动机过热

【故障现象】

一辆2012年款奔驰S350轿车，车主反映该车发动机容易出现过热，发动机冷却液温度表指针指示在红色刻度区。

【故障诊断与排除】

1）对发动机冷却系统进行检查，没有发现明显的异常现象。起动发动机，开启自动空调系统，冷凝器前方的2个电子风扇运转。试车大约20min后，发现发动机冷却液温度表指针逐渐升至红色刻度区。

2）打开发动机舱盖进行检查，2个电子风扇依然运转，用手触摸散热器上、下软管，温度基本一致，说明节温器已开启，散热器散热不好。

3）将散热器拆下来清洗，装好后更换发动机冷却液，试车，故障排除。

  你学会了吗？

1. 发动机冷却系统免拆卸清洗有什么作用？

2. 发动机冷却系统免拆卸清洗的原理是怎样的？
3. 如何清洗发动机冷却系统？

第 12 天　点火系统的养护

学习目标

1. 了解点火系统的结构与原理。
2. 掌握点火正时的检查方法。
3. 熟悉火花塞及点火线圈的养护。

基础知识

目前大部分轿车的点火系统主要由传感器（凸轮轴位置传感器、曲轴位置传感器等）、发动机控制单元（ECU）、蓄电池、点火线圈以及火花塞等组成，如图 1-106 所示。点火系统的工作原理是由发动机控制单元适时地驱动点火线圈产生高压电，通过火花塞引入发动机气缸，在火花塞电极的间隙之间产生火花点燃混合气。

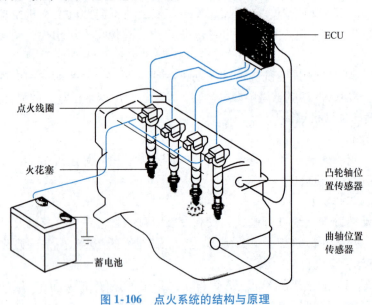

图 1-106　点火系统的结构与原理

实际操作

一、点火正时的检查

1）让发动机处于怠速运转状态，发动机温度正常。

2）将高压感应头夹在发动机第 1 缸或第 4 缸的分缸高压线上（图 1-107），如果无分缸高压线则夹在发动机第 1 缸点火线圈线束上。

3）点火正时灯电源线分别接到蓄电池正、负极上，如图 1-108 所示。

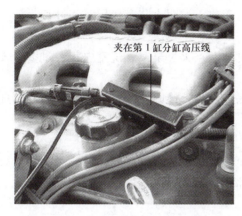

图 1-107　高压感应头夹分缸高压线

图 1-108　连接点火正时灯

4）起动发动机，将点火正时灯对准发动机飞轮或曲轴带轮（图 1-109）上的正时标记，按住测试开关，当灯亮时即可读出此时（怠速、中速或高速）的点火提前角，一般为 6°~8°。

图 1-109　曲轴带轮正时标记

二、火花塞的养护

（1）检查火花塞（图 1-110）

1）如果火花塞绝缘部分呈浅棕色，则说明发动机工作正常。

2）如果火花塞电极沉积黑色烟灰状物较多，则说明可燃混合气过稀或汽油辛烷值过低等，应使用合格的燃油。

3）如果火花塞电极附近有积炭和机油沉淀物，则说明气缸、活塞及活塞环过度磨损，气门、气门导管磨损，气门油封失效等。

4）如果火花塞电极有少许积炭但无机油沉积物，说明火花塞使用时间过长，需要更换。

5）如果火花塞电极绝缘烧熔，说明发动机长期点火过早或燃烧室内积炭过多、气门间隙过小、冷却系统工作不良等。

6）如果火花塞电极绝缘部分呈白色且有褐色斑点，说明发动机早燃或是混合气过稀、进气道漏气，造成火花塞受热不均匀。

（2）清洁火花塞

1）清洁火花塞外表时，不可图方便快捷而使用砂纸、金属片等除垢，而应当把火花塞浸入汽油（图1-111），然后用毛刷予以清除，以确保火花塞外表的陶瓷体不受损伤。

2）清洁干净后晾干火花塞，然后安装到发动机上即可。

图1-110　检查火花塞

图1-111　火花塞浸入汽油

三、点火线圈的养护

1）首先拆下点火线圈，如图1-112所示。

2）一只手抓住线圈杆，另一只手抓住线圈头，然后用力拔开，如图1-113所示。

3）清洁干净线圈触点及弹簧的氧化物，如图1-114所示。

4）如图1-115所示，清除完氧化物后适当把弹簧拉长一点，必要时把弹簧口压小，目的是便于触点接触良好。

5）重新组装好点火线圈，然后安装到发动机上即可。

图 1-112 拆下点火线圈

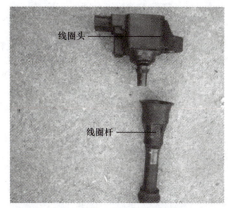

图 1-113 拔开点火线圈

图 1-114 清洁干净线圈触点

图 1-115 适当拉长弹簧

维修案例

1. 迈腾轿车发动机抖动

【故障现象】

一辆 2012 年款迈腾 1.8TSI 轿车，车主反映该车发动机怠速抖动严重，加速无力。

【故障诊断与排除】

1）起动发动机，然后用 VAS5052 读取发动机故障码，出现 P0300（识别到燃烧断火）、P0301（气缸 1 燃烧断续器识别）、P0302（气缸 2 燃烧断续器识别）、P0303（气缸 3 燃烧断续器识别）和 P0304（气缸 4 燃烧断续器识别），如图 1-116 所示。

2）因为发动机怠速抖动严重，类似缺缸现象，于是先做断缸试验，效果不明显，无明显异常，说明发动机抖动不是某一气缸燃烧不好所致，而是整个发动机都燃烧不好引起的故障。

3）检查火花塞和点火线圈，火花塞表面略有发黑现象，更换火花塞和点火线圈后进行试验，发动机恢复正常，故障排除。

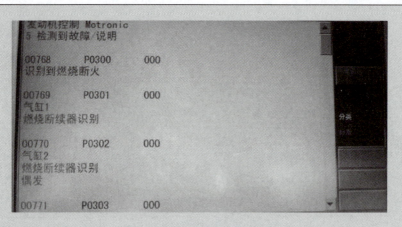

图 1-116　发动机故障码信息

2. 宝马发动机怠速不稳

【故障现象】

一辆 2017 年款宝马 520Li 轿车，车主反映该车发动机怠速不稳。

【故障诊断与排除】

1）让发动机保持怠速运转，使用故障诊断仪读取发动机故障码，显示氧传感器故障。

2）使用良好的氧传感器进行替换，然后进行检查，故障码消除，但是发动机怠速依然抖动。

3）询问车主得知该车已经大修过一次，在其他维修厂也检查过，并且更换了火花塞、点火线圈，修完后抖动更加厉害。

4）拆下点火线圈和火花塞，发现该点火线圈和火花塞均不是原厂配件。

5）选择宝马原厂点火线圈、火花塞进行更换。

6）起动发动机进行试车，发动机怠速正常，故障排除。

 你学会了吗?

1. 点火系统的结构与原理是什么?
2. 如何检查点火正时?
3. 如何养护火花塞?
4. 如何养护点火线圈?

第二章

汽车底盘养护必知必会

第13天　离合器的养护

学习目标

1. 了解离合器的作用。
2. 了解离合器的结构与工作原理。
3. 掌握离合器的检查与更换方法。
4. 掌握离合器踏板自由行程的检查与调整方法。

一、离合器的作用

离合器安装于发动机与变速器之间（图2-1），用于暂时分离两者或平顺地接合以传递发动机的动力，主要作用如下：

1）汽车起步时，如果发动机与变速器之间没有离合器，而是刚性连接，则变速器一旦更换档位，汽车将因突然接受动力而猛烈向前冲，随之立即熄火，而离合器则可以保证汽车平稳起步。

2）在汽车行驶过程中，为适应不断变化的行驶条件，变速器经常要更换不同档位工作。在换档前必须踩下离合器踏板，中断动力传递，便于使原档位的啮合副脱开，同时使新档位啮合副的啮合部位的速度逐步趋向一致，这样进入啮合时的冲击可以大大减小，从而实现平顺地换档。

图 2-1　离合器位置

3）有效防止传动系中的振动和噪声。

二、离合器的结构与工作原理

1. 离合器的结构

离合器主要由主动部分（飞轮、离合器盖、膜片弹簧和离合器压盘等）、从动部分（从动盘，也称摩擦片）和操纵机构（分离拨叉、分离轴承、离合器踏板及传动部件等）三部分组成，如图 2-2 所示。主、从动部分是保证离合器处于接合状态并能传递动力的基本结构。操纵机构是使离合器主、从动部分分离的装置。

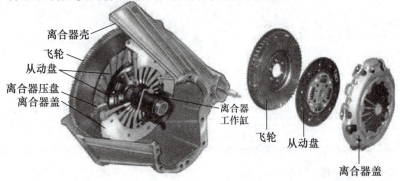

图 2-2　离合器的结构

2. 离合器的工作原理

离合器的工作原理如图 2-3 所示。

1）接合时，利用膜片弹簧压紧离合器压盘，将离合器从动盘紧压在飞轮和离合器压盘之间，产生一定的摩擦力矩，从而将发动机的动力传递到传动系统，以此来驱动车辆前进或倒退。

2）分离时，踩下离合器踏板，利用操纵系统驱动分离轴承，利用杠杆原理推动膜片弹簧，放松对离合器从动盘的压紧，从而切断发动机的动力传递，以进行换档操作。

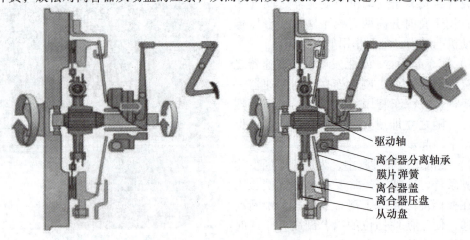

图 2-3　离合器的工作原理

 **实际操作**

一、离合器的检查与更换

离合器摩擦片更换的时间没有限制，关键是看它的磨损程度，一般摩擦片上都有一些凹的沟槽，如果摩擦片厚度磨平到剩余 2cm 左右，则需要更换，操作方法如下：

1）拆下手动变速器总成，如图 2-4 所示。
2）拆卸离合器盖总成，如图 2-5 所示。
① 在离合器盖总成和飞轮总成上做好装配标记。
注意：做标记的目的是防止破坏压盘与飞轮的安装动平衡。
② 每次将各固定（安装）螺栓拧松一圈，直至弹簧张力被完全释放。
③ 拆下固定螺栓并拉下离合器盖，拆下离合器摩擦片总成。

图 2-4　拆下手动变速器总成

图 2-5　拆卸离合器盖总成

3）拆下离合器摩擦片，检查离合器摩擦片的磨损情况，如图 2-6 所示。如果摩擦片表面磨损到维修极限，则更换离合器摩擦片；同时，检查离合器压盘表面是否有磨损、开裂或灼伤，如果出现异常情况则更换离合器压盘。

4）如图 2-7 所示，从变速器输入轴上拆卸分离拨叉及离合器分离轴承总成。然后检查离合器分离轴承的滑动部件（与离合器盖的接触面），检查并确认离合器分离轴承移动

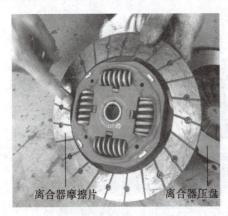

图 2-6　检查离合器

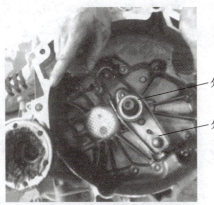

图 2-7　拆卸离合器分离轴承总成

平稳且无异常阻力,如果存在异常,则更换离合器分离轴承。

5) 如图2-8所示,安装离合器。首先将离合器校准工具插入离合器及飞轮中,然后以交叉方式紧固安装离合器盖螺栓。

注意:分几步紧固螺栓,以防止膜片弹簧弯曲。

6) 按照与拆卸相反的顺序安装好离合器分离轴承,然后安装手动变速器,如图2-9所示。

注意:安装离合器分离轴承时,应在表面涂抹一层薄薄的润滑脂。

图2-8 安装离合器

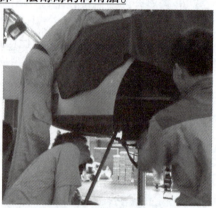
图2-9 安装手动变速器

二、离合器踏板自由行程的检查与调整

1) 如图2-10所示,将有刻度的直尺支在驾驶室地板上,测出离合器踏板在完全放松时的高度,再用手轻轻推压离合器踏板,当感觉阻力增大时停止推压,测出此时离合器踏板高度。前后两次测出的离合器踏板高度差就是离合器踏板自由行程值。离合器踏板自由行程为5.0~15.0mm,如果不符合规定则应进行调整。

2) 对于采用拉索进行操纵的汽车,离合器踏板自由行程的调整方法是拧松离合器拉索端头锁紧螺母,转动调节螺母,直到离合器踏板自由行程达到规定要求;对于液压操纵的汽车,通过转动推杆与离合器主缸的调节螺母来调整,如图2-11所示。

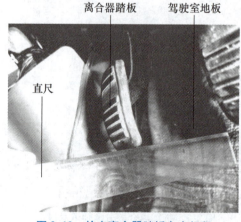
图2-10 检查离合器踏板自由行程

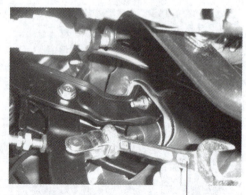
图2-11 调整离合器踏板自由行程

维修案例

1. 飞度轿车离合器分离轴承异响

【故障现象】

一辆 2011 年款飞度 1.3L 轿车,车主反映该车踩下离合器踏板时,离合器内部有异响。

【故障诊断与排除】

1)首先进行道路试验,发现汽车起步和变速时,离合器出现异响,待行驶后,此异响消失,离合器一切工作正常。

2)检查离合器踏板、离合主缸等部件均正常,于是拆卸变速器进一步检查。

3)检查离合器没有发现损坏的异常情况,但离合器分离轴承缺油。

4)如图 2-12 所示,给离合器分离轴承添加润滑脂,装复后试车,起步和变速时离合器均正常,故障排除。

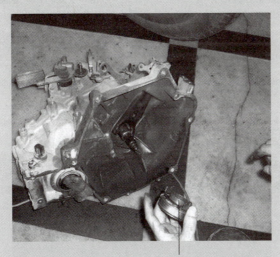

分离轴承

图 2-12 给离合器分离轴承添加润滑脂

2. 卡罗拉轿车离合器抖动

【故障现象】

一辆 2013 年款卡罗拉 1.6L 轿车,车主反映踩下离合器踏板时,出现离合器抖动的现象。

【故障诊断与排除】

1)离合器抖动是指当松开离合器踏板使离合器接合之后,汽车起步时产生冲撞的现象。经试车,发现该车在起步和变速时,不但出现离合器抖动的现象,而且还可听到离合器内有异响,待行驶后,此异响消失,离合器一切工作正常。

2)拆检离合器时,发现离合器从动盘上的减振弹簧折断两根,如图 2-13 所示。

3）更换离合器从动盘后试车，故障排除。

图 2-13　离合器从动盘上的减振弹簧折断

 你学会了吗?

1. 离合器的作用是什么？
2. 离合器的结构与工作原理是什么？
3. 如何检查与更换离合器？
4. 如何检查与调整离合器踏板自由行程？

第 14 天　离合器液压系统的养护

 学习目标

1. 了解离合器液压系统的结构与工作原理。
2. 掌握离合器液压系统零部件的更换方法。
3. 掌握离合器液压系统空气的排放。

 基础知识

　　液压离合器操纵机构由离合器踏板、离合器主缸、离合器工作缸和储液灌等组成，如图 2-14 所示。

　　1）当踩下离合器踏板时，通过主缸推杆使离合器主缸活塞向前移动，止回阀关闭。

当活塞前皮碗将补偿孔关闭后，管路中油压开始升高。在油压作用下，离合器工作缸活塞前移，离合器工作油缸推杆顶头直接推动分离轴承前移，使离合器分离。

2）当快速放松离合器踏板时，回位弹簧使离合器主缸活塞较快后移，由于管道阻力的作用，管路中油液回流到油缸的速度跟不上活塞的移动，使活塞前面可能形成一定的真空度。在压力差的作用下，从储液罐和低压油管来的油液经进油孔和活塞上的轴向小孔，沿皮碗的外缘流向活塞的油腔弥补真空。当离合器工作缸活塞回位，原先压入离合器工作缸的油液流回离合器主缸时，多余的油液经补偿孔流入低压油管和储液罐。当液压系统因漏损或温度变化引起油液容积改变时，可通过补偿孔自动进出油液，保证液压操纵系统的正常工作。

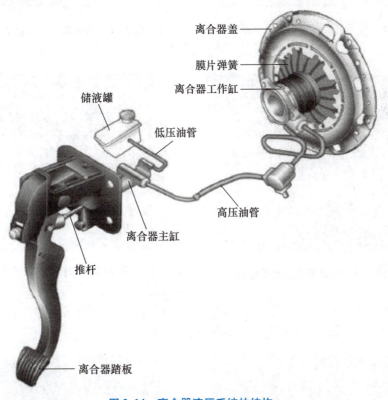

图 2-14 离合器液压系统的结构

实际操作

一、离合器主缸的更换

1）如图 2-15 所示，拆下离合器主缸附近的部件，以便腾出空间拆卸离合器主缸。
2）拆下离合器踏板的紧固螺栓，如图 2-16 所示。
3）如图 2-17 所示，拆下离合器主缸的紧固螺栓。
4）拆下油管，将旧离合器主缸取出，如图 2-18 所示。

图 2-15　拆下离合器主缸附近的部件

图 2-16　拆下离合器踏板紧固螺栓

图 2-17　拆下离合器主缸紧固螺栓

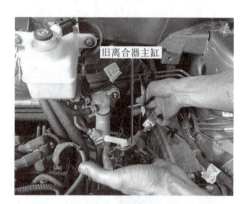

图 2-18　取出旧离合器主缸

5）如图 2-19 所示，选择新离合器主缸，然后按照与拆卸相反的顺序进行安装。

6）如图 2-20 所示，安装好油管以及其他部件。

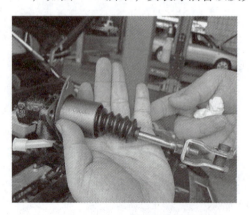

图 2-19　安装新离合器主缸

图 2-20　安装油管以及其他部件

二、离合器工作缸的更换

1）首先找到离合器工作缸的位置，有些在变速器外面，有些在变速器里面。
2）拆开离合器工作缸油管，然后拆下离合器工作缸，如图 2-21 所示。
3）按照与拆卸相反的顺序安装好离合器工作缸，如图 2-22 所示。

图 2-21　拆下离合器工作缸

图 2-22　安装离合器工作缸

三、离合器液压系统空气的排放

1）取下离合器工作缸后部放气塞上的防尘帽，将放气塞旋松，并插上一根透明塑料管，将另一端插入装有制动液的容器中，如图 2-23 所示。
2）反复踩踏离合器踏板，使储液罐中的制动液由离合器主缸压入离合器管路和离合器工作缸中，将管路中的气体从放气塞中排出。
3）在排气过程中，如果储液罐中制动液减少，则应及时补足，如图 2-24 所示。
4）当反复踩踏离合器踏板，从放入容器的管端排出的都是制动液而无气泡时，将放气塞旋紧，拔掉塑料管，套上防尘帽即可。

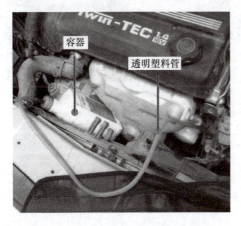

图 2-23　排除液压操纵系统内的空气

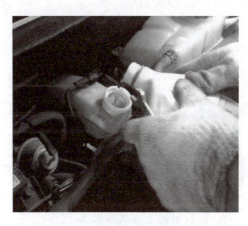

图 2-24　补足制动液

维修案例

1. 卡罗拉轿车离合器踏板沉重

【故障现象】

一辆 2013 年款卡罗拉 1.6L 轿车，车主反映踩下离合器踏板时，出现离合器踏板沉重的现象。

【故障诊断与排除】

1）首先检查离合器液压操纵系统，没有发现制动液泄漏的情况。

2）检查离合器踏板自由行程，发现离合器踏板自由行程过小，但已经调整到极限的位置。

3）拆下离合器主缸后检测，发现离合器主缸上的操纵杆伸出的长度明显比新杆长，这说明离合器主缸内部存在机械故障。

4）更换离合器主缸并排气，试车，故障排除。

2. 起亚福瑞迪轿车离合器踏板异响

【故障现象】

一辆 2013 年款起亚福瑞迪 1.6L 轿车，车主反映踩下离合器踏板时，出现离合器踏板异响。

【故障诊断与排除】

1）踩踏离合器踏板时感觉回位效果不好，而且离合器踏板异响出现，于是检查离合器主缸、离合器工作缸及油管，都没有发现漏油现象。

2）检查离合器踏板弹簧的钩子部位和弹簧的内部，发现离合器踏板与离合器主缸连接杆处缺少润滑油，于是添加润滑脂，如图 2-25 所示。

3）重新检查，异响依然存在，于是将离合器踏板与离合器主缸连接杆分离，这时踩踏几下离合器踏板，异响消除，说明故障在离合器主缸。

4）更换离合器主缸并排气，试车，故障排除。

图 2-25 添加润滑脂

你学会了吗？

1. 离合器液压系统的结构与工作原理是怎样的？
2. 如何更换离合器主缸？
3. 如何更换离合器工作缸？
4. 离合器液压系统的空气如何排放？

第15天　手动变速器油的检查与更换

1. 了解手动变速器的作用。
2. 了解手动变速器油的更换周期。
3. 掌握手动变速器油的检查方法。
4. 掌握手动变速器油的更换方法。

一、手动变速器的作用

手动变速器具有变速、变矩和变向的功能，使汽车能够在各种复杂道路情况下行驶。但由于频繁换档，长期在高转速、大负荷工况下工作，手动变速器零件会产生磨损或损伤，致使其使用性能下降。为了减轻零件磨损、延长手动变速器的使用寿命，应定期对手动变速器进行养护。

二、手动变速器油的更换周期

手动变速器油主要是润滑变速器内的齿轮，减少摩擦，延长变速器的使用寿命。手动变速器油的更换周期应参考车主保养手册，但一般制造厂推荐的更换周期为 30000～48000km。

实际操作

一、手动变速器油的检查方法

1）将汽车停放在水平路面上。
2）拆下手动变速器注油螺塞（有些车型为倒档开关）和衬垫。
3）检查并确认油面在手动变速器注油螺塞开口 0～5mm 范围内。
4）油位低时，检查手动变速器是否泄漏；如果有泄漏则排除泄漏的故障，如果正常，则补充相同牌号的手动变速器油。
5）安装变速器注油螺塞和新衬垫。

二、手动变速器油的更换

1）选择手动变速器油，如图 2-26 所示。
2）拆卸底板，如图 2-27 所示。

图 2-26　手动变速器油

图 2-27　拆卸底板

3）拆卸手动变速器放油螺栓，如图 2-28 所示。

4）如图 2-29 所示，将旧的手动变速器油排出。

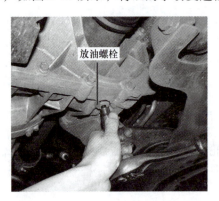

图 2-28　拆卸放油螺栓

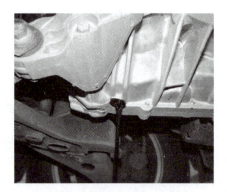

图 2-29　排出旧手动变速器油

5）旧的手动变速器油排干净后拧紧放油螺栓，如图 2-30 所示。

6）找到手动变速器油加注口，放置一根加注软管，如图 2-31 所示。

图 2-30　拧紧放油螺栓

图 2-31　找到手动变速器油加注口

7）按照标准添加适量的手动变速器油，如图2-32所示。

8）有些车型是通过倒档开关孔加注，添加完成后按照与拆卸相反的顺序安装好，如图2-33所示。

图2-32 添加适量的变速器油

图2-33 安装倒档开关

维修案例

1. 北京现代全新胜达轿车手动变速器有"嗞嗞"的响声

【故障现象】

一辆2013年款北京现代全新胜达2.4L轿车，车主反映该车发动机怠速时在手动变速器处能听到"嗞嗞"的响声，踩下离合器踏板后响声会消失。

【故障诊断与排除】

1）检查手动变速器没有泄漏油的情况，但发现手动变速器油很稀，说明手动变速器油发生了变质，应进行更换。

2）更换手动变速器油后检查，响声消失，故障排除。

2. 北京现代悦动轿车手动变速器异响

【故障现象】

一辆2011年款北京现代悦动1.6L轿车，车主反映该车刚换到2、3、4档时响声剧烈，运转稳定后异响消失。

【故障诊断与排除】

1）首先由一名助手在汽车内操纵手动变速器，另一名维修人员检查手动变速器换档时的情况，经过仔细检查发现手动变速器换档拉索支架有异常。

2）给换档拉索支架添加润滑脂后，进行试车，异响有所减轻，但依然存在。

3）更换换档拉索支架。装配时要确保控制螺栓与支架孔的同轴度，使两个轴尽可能地重合。

4）更换后异响消失，故障排除。

3. 江淮瑞风 S5 轿车换档困难

【故障现象】

一辆 2014 年款江淮瑞风 S5 1.5L 轿车，车主反映该车换档困难且有异响声。

【故障诊断与排除】

1) 首先更换手动变速器油后进行试车，变速器异响消除，但依旧换档困难。

2) 检查换档拉索、换档机构，发现换档拉索有明显的卡滞，应进行更换，如图 2-34 所示。

3) 将新换档拉索安装至手动变速器及换档机构上，然后进行试车，换档正常，故障排除。

图 2-34　更换换档拉索

你学会了吗?

1. 手动变速器油的更换周期是多长?
2. 如何检查手动变速器油?
3. 如何更换手动变速器油?

第 16 天　自动变速器油及滤网的更换

 学习目标

1. 了解自动变速器油的作用。
2. 熟悉自动变速器油质的检查方法。
3. 掌握自动变速器油及滤网的更换周期。
4. 掌握自动变速器油及滤网的更换方法。

基础知识

一、自动变速器油的作用

自动变速器油对自动变速器的工作、使用性能以及使用寿命都有非常重要的影响。自动变速器保养的主要内容就是对自动变速器油的检查和更换。自动变速器油的主要作用如下：

1）在液力变矩器中以其传递发动机的动力，是进行能量转换的工作介质。
2）对锁止离合器和换档执行机构实现液压式或电液式控制。
3）对自动液力变速器的齿轮等零件和换档执行机构摩擦副进行润滑。
4）将损耗在油液中的热量传导至自动变速器冷却器中，起冷却作用。
5）对自动变速器内部进行清洗，起清洗作用。
6）对自动变速器内的摩擦副进行密封，起密封作用。

二、自动变速器油质的检查

1）如图2-35所示，拔出ATF油尺，用鼻子闻自动变速器油有无烧焦味以及观察颜色是否变黑，若有烧焦味或发黑，则必须及时更换。

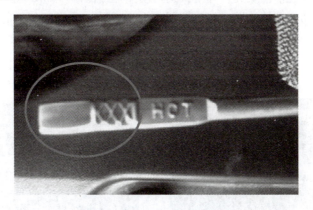

图2-35　检查自动变速器油质

2）若ATF为乳白色，则说明有发动机冷却液进入ATF，排除发动机冷却液泄漏后更换自动变速器油；若ATF为褐色、黏稠状，则说明ATF氧化变质，应及时更换自动变速器油。

三、自动变速器油及滤网的更换周期

自动变速器油及滤网的更换周期应参考车主保养手册，但一般正常行驶情况下每40000～60000km更换一次，恶劣行驶情况下每30000km更换一次。

实际操作

以北京现代轿车为例，自动变速器油及滤网的更换方法如下：
1）如图2-36所示，拆卸放油螺栓。
2）排放干净自动变速器油，如图2-37所示。

图 2-36　拆卸放油螺栓

图 2-37　排放干净自动变速器油

3）拆卸自动变速器油底壳，即可找到自动变速器滤网，如图 2-38 所示。

4）拆下旧自动变速器滤网，然后按照与拆卸相反的顺序安装新的自动变速器滤网，如图 2-39 所示。

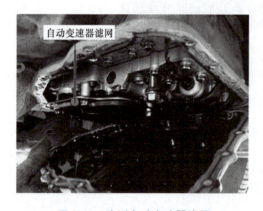

图 2-38　找到自动变速器滤网

图 2-39　安装新的自动变速器滤网

5）清洗干净自动变速器油底壳，然后重新在它的接合面上涂抹一层密封胶，如图 2-40所示。最后按照与拆卸相反的顺序安装好自动变速器油底壳。

6）等密封胶固化后（大约 30min），按照标准添加自动变速器油，如图 2-41 所示。

图 2-40　涂抹一层密封胶

图 2-41　添加自动变速器油

维修案例

1. 雅阁轿车升档困难

【故障现象】

一辆 2013 年款雅阁 2.0L 轿车，车主反映该车行驶过程中出现升档困难。

【故障诊断与排除】

1）检查自动变速器油，发现油液变为乳白色，说明自动变速器内有水。

2）检查自动变速器情况，没有出现异常损坏的情况，车主反映该车是在大雨行驶过后出现的情况，说明自动变速器进水。

3）将自动变速器内的 ATF 排干净后，重新添加 ATF 到规定的位置，热车行驶 20min 左右，重新检查自动变速器油，仍为乳白色。

4）重新更换自动变速器油并热车行驶检查，如此循环更换两次后，自动变速器油液状态正常，并且加速正常，故障排除。

2. 锋范轿车自动变速器升档困难

【故障现象】

一辆 2009 年款锋范 1.8L 轿车，车主反映该车行驶过程中出现升档困难。

【故障诊断与排除】

1）首先使用本田专用故障诊断仪 HDS 读取自动变速器故障码，显示"P0718：输入轴速度传感器间歇性故障"和"P0722：输出轴转速传感器无信号输入"两个故障码。

2）根据故障码，分别断开两传感器插头，然后打开点火开关，检查其线路 1 号端子与搭铁之间电压为 5V，2 号端子和 3 号端子之间电压为 5V，表明两传感器的线路正常，但两个传感器同时损坏的现象很少出现，也许是一种假象，暂时没有更换传感器，于是寻找其他可能的故障点。

3）使用 HDS 清除故障码后，进行路试，发现汽车意外正常换档，但换档有振动感，可能是间歇性故障，连续行驶 30min 后，故障又重新出现。使用 HDS 读取故障码，此时没有任何故障码提示。

4）对自动变速器进行油压测试，发现油压过低，检查自动变速器油黏度正常。油压过低的主要原因一般为液力变矩器、ATF 泵、液压控制阀体或 ATF 滤清器（图 2-42）堵塞。

注意：本田 ATF 滤清器在自动变速器外。

5）更换 ATF 滤清器，然后更换新的自动变速器油进行试车，自动变速器工作正常，故障排除。

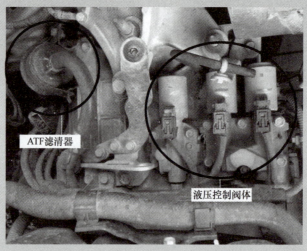

图 2-42 液压控制阀体及 ATF 滤清器位置

你学会了吗？

1. 自动变速器油质如何检查？
2. 自动变速器油及滤网的更换周期是多长？
3. 如何更换自动变速器油及滤网？

第 17 天　自动变速器免拆卸清洗

学习目标

1. 了解自动变速器免拆卸清洗的作用。
2. 了解自动变速器免拆卸清洗的原理。
3. 熟悉自动变速器免拆卸清洗的方法。

基础知识

一、自动变速器免拆卸清洗的作用

自动变速器免拆卸清洗就是在不拆卸阀体、油管和油底壳等部件的前提下，利用自动变速器免拆清洗机特有的流速、压力，能够完全清除自动变速器内的油泥、积炭，使自动变速器长期保持最佳的工作状态，从而避免因人为拆卸而损坏自动变速器油道、密封垫等部件，延长自动变速器的使用寿命。

二、自动变速器免拆卸清洗的原理

自动变速器免拆卸清洗的原理就是将自动变速器免拆清洗机与自动变速器连接（图2-43），通过循环清洗将自动变速器油泥及污垢清洗干净并排出自动变速器。

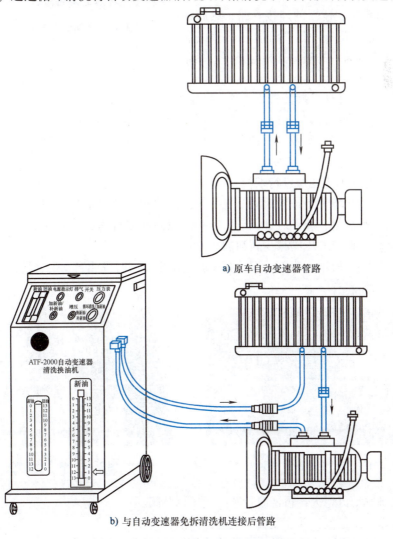

a) 原车自动变速器管路

b) 与自动变速器免拆清洗机连接后管路

图 2-43　自动变速器免拆卸清洗的原理

> **实际操作**

一、直接添加自动变速器清洁剂清洗

1)将专用自动变速器清洁剂添加到自动变速器中,如图2-44所示。

2)起动发动机,不断变换档位,运转10~20min。

3)排出旧的自动变速器油及油垢,加注新自动变速器油至规定位置即可。

二、自动变速器免拆清洗机清洗

1)找出自动变速器的连接管路,然后将自动变速器免拆清洗机上"出油"的一根油管与自动变速器油管的进油管相连,将"回油"的一根油管与自动变速器油管的出油管连接。

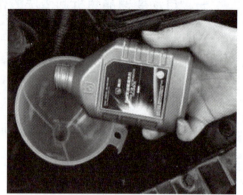

图2-44 添加专用自动变速器清洁剂

2)向自动变速器免拆清洗机中加入一定量的新自动变速器油。

3)适当打开回油阀,顺时针缓慢打开气压调节阀使气压调整至69~100kPa,并起动发动机。通过调节回油阀及气压调节阀,使新油的加注量与旧油回收量保持平衡。自动变速器免拆清洗,如图2-45所示。

4)更换时在不同档位进行切换,视情况而定,每个档位停留1min左右。观察新油的减少量与旧油的增加量,同时调节气压阀和回油阀使减少量与增加量相等。若旧油增加量大于新油减少量,应顺时针调节回油阀来减慢回油流速;若旧油增加量小于新油减少量,应逆时针调节气压阀减少新油加注量。

5)如图2-46所示,当新、旧油视窗颜色基本相同时说明自动变速器已经清洗干净,应停止清洗操作。

图2-45 自动变速器免拆清洗

图2-46 清洗效果判断

6)先将发动机熄火,再逆时针关闭气压调节阀。

7)拆除管路连接,并恢复自动变速器的油管连接。

8)起动发动机,检查自动变速器管路是否有渗漏油现象。

9)检查自动变速器油位,若油位不够时须进行补充加注。

维修案例

1. 思铂睿轿车车速升高缓慢

【故障现象】

一辆2013年款思铂睿2.4L轿车,车主反映该车行驶过程中出现发动机转速上升很快但车速升高缓慢。

【故障诊断与排除】

1)首先检查自动变速器油面高度发现液面偏低,油液质量良好,添加自动变速器油到规定位置后进行路试,故障依旧。

2)读取故障码,显示换档电磁阀A故障,使用HDS测试电磁阀工作正常。

3)怀疑液压控制阀体内部卡滞,拆下进行清洗检查后,装复试车,故障依旧。

4)分别在D位、2档、1档和R位进行失速试验,发现失速转速偏高,说明ATF泵输出低、ATF滤清器堵塞、液压控制阀体卡滞或离合器滑转等。

5)拆下ATF滤清器发现滤清器内部有较多的油泥,初步判断自动变速器油道堵塞。

6)更换ATF滤清器,然后使用自动变速器免拆清洗机清洗自动变速器,清洗后试车,故障现象消除,故障排除。

2. 雅阁轿车自动变速器振动过大

【故障现象】

一辆2012年款雅阁2.0L轿车,车主反映该车在行驶中出现自动变速器1档升2档或2档降1档时振动过大的现象,而其他档位工作状况都比较正常。

【故障诊断与排除】

1)首先读取故障码,未显示故障码,说明控制电路部分没有问题,故障应出在自动变速器机械部分。

2)拔出自动变速器油标尺检查,发现自动变速器油液不清洁,拆下自动变速器油底壳进一步查看,发现油底壳底还沉积有少量磨屑及杂质。进一步检测自动变速器,2档离合器压力开关正常、1、2档蓄压器弹簧正常,活塞运动自如,最后发现液压控制阀体内的1、2档止回阀阀球槽被堵塞。

3)彻底清洗液压控制阀体并正确地组装自动变速器。

4)更换ATF滤清器,然后使用自动变速器免拆清洗机清洗自动变速器,安装好试车,自动变速器各档位均正常,故障排除。

3. 高尔夫A6轿车自动变速器升档困难

【故障现象】

一辆2012年款高尔夫A6 1.6L轿车,车主反映当发动机转速升至2800r/min时,才勉强升入2档;升至3600r/min时,方可升入3档。

【故障诊断与排除】

1)首先进行常规检查,其结果是油压正常、自动变速器油无异味、油质透亮纯净无杂质、油位符合标准、自动变速器控制单元无故障码。

2)用VAS5052察看自动变速器动态数据流时,发现自动变速器油温上升过快,结合该车热车后才出现延迟升档故障的现象,初步判断自动变速器油温传感器信号故障。

对自动变速器油温传感器进行测量,在各个特定的温度区间内,实测值与维修手册提供的数值吻合,说明自动变速器油温传感器正常。

3)用红外测温仪监控自动变速器散热器温度,在行驶一段时间后自动变速器油温就陡升至120℃,故障随之再次出现,这说明故障确系高温所致。若散热器散热不良,将直接导致自动变速器高温。

4)用红外测温仪测量自动变速器散热器进出口温度,发现进出口温差很小,怀疑是散热器的散热不好。将散热器卸下,用风枪疏通,吹出许多黄色的泥状沉积物,用清洗剂反复清理后装复。

5)使用自动变速器免拆清洗机清洗自动变速器,然后经长达2h的试车,自动变速器油温始终保持在96~97℃,升降档时恢复正常,故障排除。

你学会了吗?

1. 自动变速器免拆卸清洗有什么作用?
2. 自动变速器免拆卸清洗的原理是什么?
3. 自动变速器免拆卸清洗的方法是怎样的?

第18天　传动轴及半轴的养护

学习目标

1. 了解传动轴及半轴的结构。
2. 掌握传动轴添加润滑脂的方法。
3. 掌握半轴防尘套的养护。

基础知识

一、传动轴的作用与结构

传动轴是汽车传动系统中传递动力的重要部件,它的作用是与变速器、驱动桥一起将发动机的动力传递给车轮,使汽车产生驱动力。传动轴主要由万向节、轴管和中间支承、伸缩套等组成,如图2-47所示。伸缩套能自动调节变速器与驱动桥之间距离的变化。万向节是保证变速器输出轴与驱动桥输入轴两轴线夹角的变化,并实现两轴的等角速传动。传动轴主要应用在后轮驱动和四轮驱动的轿车上。

二、半轴的作用与结构

半轴也称驱动轴,它用来在差速器与驱动轮之间传递动力,其内端一般通过花键与

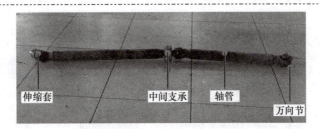

图 2-47 传动轴的结构

半轴齿轮连接,外端与轮毂连接。半轴主要由内外球笼、花键、轴管等组成,如图 2-48 所示。

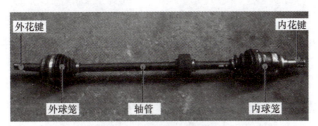

图 2-48 半轴的结构

实际操作

传动轴及半轴的相关部件磨损或损坏会导致万向节、轴管等损坏,将造成传动异响,特别是在车辆颠簸或车速急剧变化时尤为明显;橡胶护套老化、破裂会导致润滑脂流失与变质,使万向节磨损加剧。因此,应定期对传动轴及半轴进行检查养护,并及时更换已损坏的部件。

一、传动轴中间支承的养护

1)首先拆下传动轴,然后拆开传动轴中间的十字轴式万向节,如图 2-49 所示。**注意:在拆每一个十字轴之前要画线做记号,便于安装。**

2)如图 2-50 所示,小心地拆下中间支承。

3)如图 2-51 所示,按照与拆卸相反的顺序装入中间支承。重新连接好十字轴,然后按照与拆卸相反的顺序将传动轴安装到汽车上。

二、给传动轴添加润滑脂

1)首先用抹布将传动轴上万向节的黄油嘴擦拭干净。

2)将黄油枪出油嘴对准黄油嘴,如图 2-52 所示。

3)如图 2-53 所示,压动黄油枪杠杆手柄,直到旁边有少量的黄油(润滑脂)漏出为合格。给传动轴每个黄油嘴添加一遍黄油即可。

图 2-49 拆开中间的十字轴式万向节

图 2-50 拆下中间支承

图 2-51 装入中间支承

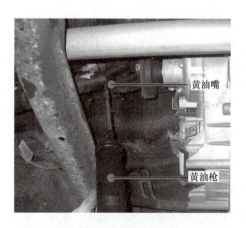

图 2-52 对准黄油嘴

图 2-53 加注黄油

三、半轴防尘套的养护

检查半轴外侧和内侧防尘套是否有裂纹、损坏、润滑脂泄漏和防尘套卡箍松动的现象。如果发现任何损坏,则应更换防尘套及卡箍,如图2-54所示。

图 2-54　更换防尘套及卡箍

维修案例

1. 全新迈腾轿车左前半轴异响

【故障现象】

一辆2013年款全新迈腾2.0TSI轿车,车主反映该车平路行驶时在前轮附近间歇性发出"咔嗒、咔嗒"的异响。

【故障诊断与排除】

1)驾驶汽车进行路试,行驶半个小时后在驾驶室内感觉异响是从左前轮、左前半轴传出。

2)举升汽车,检查左前轮没有异物,底盘无碰撞痕迹。检查副车架、下摆臂等螺栓均无松动。分别抓住左右前轮晃动,检查半轴的间隙,结果均正常。

3)将自动变速器换空档,用手转动左前轮,反复转动之后,在转动的过程中发现左侧半轴发出异响。经过认真检查,发现该响声来自外球笼。

4)拆下左侧半轴,转动和摇动内外球笼,外球笼有响声,而内球笼则正常。拆开半轴外球笼,发现外球笼严重损坏,如图2-55所示。

5)如图2-56所示,使用新的外球笼进行更换,装复后试车,故障排除。

2. 高尔夫A6轿车行驶中严重发抖

【故障现象】

一辆2012年款高尔夫A6 1.6L轿车,行驶时抖动严重,特别是低速行驶时更严重。

【故障诊断与排除】

1)首先进行试车,发现在以20~30km/h的速度行驶时,能明显地感觉出汽车抖动严重,但是速度提高以后该现象就会减弱。

图 2-55　外球笼严重损坏

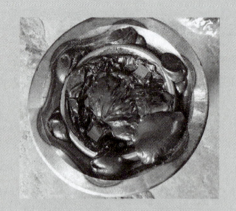
图 2-56　新的外球笼

2）检查各轮胎的平衡块，没有发现丢失的现象。通过四轮定位仪检查，四轮定位参数均正常。

3）将发动机所有悬置支架上的紧固螺栓全部松开，然后以 30km/h 的速度行驶 10min，故障依旧。

4）检查悬架、悬架胶套皆正常，而发现右半轴有撞击的痕迹。将自动变速器换空档，用手转动右前轮，反复转动之后，在转动的过程中发现右半轴跟着自动变速器跳动，而左半轴则没有这样的现象，说明右半轴不平衡。

5）重新更换右半轴后进行试车，故障排除。

你学会了吗？

1. 传动轴及半轴的结构是怎样的？
2. 传动轴如何添加润滑脂？
3. 半轴防尘套如何养护？

第 19 天　驱动桥的养护

学习目标

1. 了解驱动桥的结构与作用。
2. 了解驱动桥齿轮油的更换周期。
3. 掌握驱动桥齿轮油的检查与更换。

一、驱动桥结构

驱动桥是将传动轴传来的发动机动力经过降速,将增大的转矩分配到驱动车轮。驱动桥主要由主减速器、差速器、半轴和驱动桥壳等组成,如图 2-57 所示。

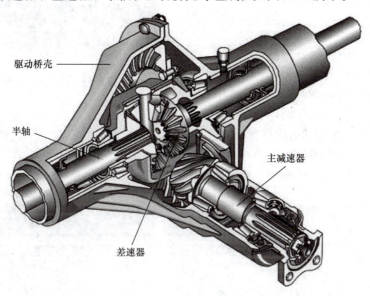

图 2-57 驱动桥结构

二、驱动桥的作用

1)通过主减速器齿轮的传动,降低转速,增大转矩。
2)主减速器采用锥齿轮传动,改变转矩的传递方向。
3)通过差速器可以使内外侧车轮以不同转速转动,从而适应汽车的转向要求。
4)通过桥壳和车轮,实现承载及传力作用。

三、驱动桥齿轮油的更换周期

一般进口轿车驱动桥齿轮油更换周期是 40000km,而国产中低档轿车是 20000km,具体以保养手册为准。

一、驱动桥齿轮油的检查

1)如图 2-58 所示,拧下油位检查孔螺塞,检查油位是否达到油位检查孔边刻度的 0~15mm 之间。
2)如果油量不足,则应补充齿轮油,直到齿轮油从检查孔向外溢出为止。

注意：不同品牌的齿轮油不要混用。因为不同品牌齿轮油的某些性能指标不尽相同，若混用会降低齿轮油的使用效果。

二、驱动桥齿轮油的更换

1）起动汽车行驶一段距离，使驱动桥齿轮油升温，在齿轮油还处于温热状态时，拆下放油螺塞，放出齿轮油，如图2-59所示。放净齿轮油后，擦净放油螺塞并牢固地拧回。

图2-58 拧下油位检查孔螺塞

注意：更换齿轮油时应尽量将旧油放尽，必要时清洗驱动桥。同时应将换下的废油集中处理，以免污染环境。

2）为了便于加注齿轮油，将齿轮油倒入齿轮油加注器中，如图2-60所示。

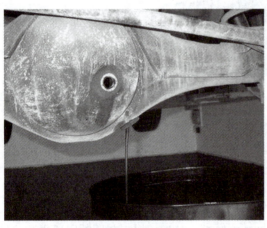

图2-59 放出齿轮油

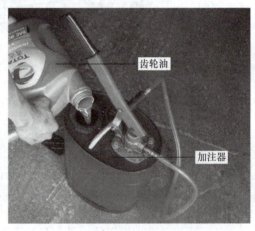

图2-60 将齿轮油倒入加注器

3）在油位检查孔处加入新的齿轮油，如图2-61所示。

4）加注时直到齿轮油从油位检查孔向外溢出为止，如图2-62所示。

图2-61 加入新的齿轮油

图2-62 新的齿轮油溢出

5）如图2-63所示，装好检查孔螺塞，最后检查确保驱动桥放油螺塞无泄漏即可。

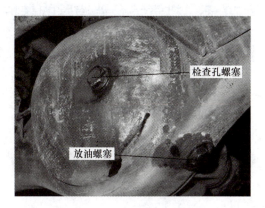

图 2-63 装好检查孔螺塞

 维修案例

宝马 X3 轿车驱动桥异响

【故障现象】

一辆 2012 年款宝马 X3 轿车，车主反映该车后驱动桥在车速为 30~60km/h 时异响最明显。

【故障诊断与排除】

1）驾驶汽车进行路试，故障确实如车主所描述的。安全举升汽车，检查后轮没有异物，底盘无碰撞痕迹。

2）检查车架、下摆臂等螺栓均无松动，检查左右后轮间隙、左右半轴间隙均正常。

3）检查后制动摩擦片正常磨损，且没有异响。

4）一名维修人员在驾驶室内控制车速主要是换 D 位踩加速踏板加速，另一维修人员在后轮之间检查，发现响声由后驱动桥差速器发出。

5）拆下驱动桥放油螺塞，放出齿轮油，发现齿轮油有铁屑，说明驱动桥内部有磨损的情况。

6）更换齿轮油，然后驾驶汽车进行路试，发现异响减弱；于是重新将齿轮油排干净，然后添加，重复 2 次后，驱动桥异响消除，故障排除。

 你学会了吗?

1. 驱动桥的结构是怎样的?
2. 驱动桥有什么作用?
3. 驱动桥齿轮油的更换周期是多长?
4. 驱动桥齿轮油如何检查?
5. 驱动桥齿轮油如何更换?

第 20 天　排气管及消声器的养护

学习目标

1. 了解排气管及消声器的结构。
2. 熟悉排气管及消声器的检查方法。
3. 掌握消声器的养护及更换。

基础知识

一、排气管及消声器的结构

排气管安装于发动机排气歧管和消声器之间，使整个排气系统呈挠性连接，从而起到减振降噪、方便安装和延长排气消声系统寿命的作用。排气管分为前段、中段及后段，其中后段与消声器连接在一起，如图 2-64 所示。

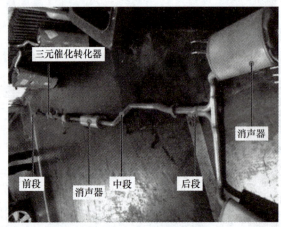

图 2-64　排气管及消声器的结构

二、排气管及消声器的检查方法

1）查看排气管及消声器是否漏气，可以通过检查排气管及消声器是否有黑烟痕迹来判断，或在发动机不熄火时注意听排气管是否有"嘣嘣"的声音，若有，则应更换排气管密封垫。

注意：在发动机起动后对排气管检查的过程中，尽量不要让身体接触到排气管，因排气管温度很高，要避免烫伤。

2）发动机工作时，若消声器出现"啵啵"的声音，一般是消声器内腔隔板腐蚀；若发出"啪啪"的声音，一般是消声器外壳出现腐蚀穿孔现象；若出现"咻咻"的声音，一般是消声器通道堵塞。

实际操作

一、排气管及消声器的检查

1）检查排气管及消声器是否有磕碰（图2-65）、泄漏等现象，如果存在异常情况，则应及时修复，必要时更换新件。

2）检查排气管是否有锈蚀、渗漏，如果存在渗漏，则应更换排气管。

3）检查排气管吊耳连接是否牢固，必要时更换吊耳。

4）检查排气管接口是否漏气、受损，如果存在漏气，则应更换排气管垫片。

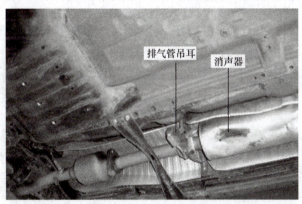

图2-65　消声器有磕碰

二、消声器的养护方法

1）拆下消声器，堵塞消声器中部最低位置的排水孔；从消声器与排气管相连处加入约50mL防锈油，摇动消声器让防锈油均匀进入筒体，然后装上消声器。

2）起动发动机，由于消声器温度逐渐上升，防锈油受热挥发，消声器尾部会冒蓝烟，但是蓝烟会在行驶一定里程后消失。蓝烟消失后，取出排水孔的堵塞物。

3）当消声器表面有油污时，热车后会使其表面颜色变色发黄、发蓝等。另外，当消声器表面粘有大量泥土等污物时，应及时清理，以免影响消声器散热。

4）在安装消声器时，应注意将消声器垫片安装到位并紧固好，防止漏气，以免影响汽车消声效果。

三、消声器的更换

1）拆卸排气管与消声器紧固螺母，如图2-66所示。

2）拆卸旧消声器，如图2-67所示。

图 2-66　拆卸紧固螺母

图 2-67　拆卸旧消声器

3）选择原厂消声器，如图 2-68 所示。

4）按照与拆卸相反的顺序安装消声器，如图 2-69 所示。

图 2-68　原厂消声器

图 2-69　安装消声器

 维修案例

1. 别克 GL8 轿车怠速时排气管异响

【故障现象】

一辆 2012 年款别克 GL8 轿车，车主反映该车在怠速时，排气管附近会产生"嘣、啪"的异响。

【故障诊断与排除】

1）首先检查排气管的紧固螺栓，没有发现松动，检查排气管的塑胶吊环也正常。

2）更换排气管后无效，最后发现排气管上方隔热板的固定铆钉松动，由于热胀冷缩导致异响。

3）重新更换固定铆钉后，故障排除。

2. 高尔夫 A6 轿车车速无法提升

【故障现象】

一辆 2012 年款高尔夫 A6 1.6L 轿车，车主反映该车在车速达到 110km/h 后无法提升。

【故障诊断与排除】

1）首先驾驶汽车进行路试，发现车速为 110km/h 时，提高节气门开度至 100%，自动变速器由 4 档切换至 3 档再切换至 2 档。

2）读取故障码，没有发现任何故障码，自动变速器也正常。

3）连接故障诊断仪后路试，出现发动机燃油调整数据偏大、加速发闷、发动机阻力明显增大。根据以往维修经验，初步判断是排气系统中的三元催化转化器堵塞造成排气不畅。

4）更换三元催化转化器并将排气管疏通后故障排除。

3. 雅阁轿车排气不顺畅故障

【故障现象】

一辆 2013 年款雅阁 2.4L 轿车，车主反映该车发动机工作状态变差，排气有异响，加速不畅，工作不到 20min，冷却液温度达到 110℃，散热器"开锅"。

【故障诊断与排除】

1）检查发动机冷却系统、散热器和软管都正常，发动机冷却液较脏，更换新的发动机冷却液，冷车起动，发现冷却液循环良好，发动机工作 15min 内，发动机温度正常，电子风扇工作良好，高低速电子风扇都能正常工作。

2）发动机继续工作，发动机温度不断上升，约 25min 时，散热器"开锅"。

3）拆下水泵检查，发现水泵没有任何异常，拆掉节温器，让冷却系统一直处于大循环状态，起动发动机试车，故障依旧。

4）由于排气有异响，加速不畅，根据维修经验判断，排气管有堵塞的可能。

5）举升汽车，检查排气管，当用手使劲振动消声器，听到有响声，说明消声器内有堵塞导致排气不顺畅。

6）更换排气管消声器，然后进行试车，故障排除。

4. 全新迈腾轿车加速无力

【故障现象】

一辆 2013 年款全新迈腾 2.0TSI 轿车，车主反映该车发动机加速无力，油耗增大。

【故障诊断与排除】

1）首先使用 VAS5052 读取故障码，显示 P0299：增压器增压传感器（A）电路控制极限未达到，于是更换增压器增压传感器，然后清除故障码，试车后故障依旧。

2）读取涡轮增压组数据流，怠速增压压力实际为 1000mbar（怠速标准值 1010mbar，1mbar＝0.1kPa），最大值达到 1200mbar 左右，比实际增压压力偏低；空气流量计实际怠速为 2.0～2.1g/s（怠速标准值 2.3～2.5g/s），空气流量计信号偏小。

3）通过数据流分析，发动机控制系统没有异常。根据以前此类故障维修经验，初步判断为排气系统排气不顺畅,导致增压器旁通开度偏大,从而导致废气推动泵轮的动能不足,增压压力实际值偏小。

4)拆开排气管,发现三元催化转化器严重堵塞,擦去堵塞物后,用高压空气风干三元催化转化器,试车加速良好,但怠速数据流与正常值有偏差。

5)更换排气管总成,怠速数据流恢复正常,油耗正常,故障排除。

  你学会了吗?

1. 排气管及消声器的结构是怎样的?
2. 排气管及消声器的检查方法是什么?
3. 如何更换消声器?

第 21 天　制动系统的养护

 学习目标

1. 了解制动系统的结构与工作原理。
2. 了解制动系统的保养周期及检查内容。
3. 掌握制动摩擦片的更换方法。
4. 熟悉驻车制动器的检查与调节方法。
5. 掌握制动液的更换方法。

 基础知识

一、制动系统的结构

目前大部分轿车的制动系统一般由储液罐、制动主缸、真空助力器、前后轮制动轮缸及制动器、液压管路和真空管路、制动压力调节器和防抱死制动系统(ABS)ECU 等制动系统部件组成,如图 2-70 所示。

二、制动系统工作原理

当踩下制动踏板时,作用力通过制动推杆推动制动主缸活塞运动,通过制动液传递到前后制动轮缸活塞,推动摩擦片与制动盘或制动鼓产生摩擦,从而产生制动力,如图 2-71 所示。

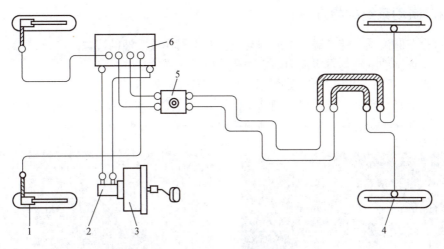

图 2-70 制动系统的结构

1—前盘式制动器 2—制动主缸 3—真空助力器 4—后鼓式制动器
5—液压管路接头 6—制动压力调节器和 ABS ECU

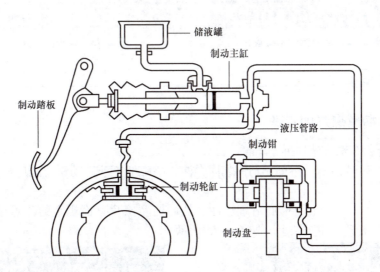

图 2-71 制动系统工作原理

三、制动系统的保养周期

制动系统的保养周期应以保养手册规定为准,但大部分汽车要求如下:

1) 鼓式制动摩擦片每 10000km 检查一次,使用厚度极限不能小于 1mm,而且制动鼓磨损极限不能小于 2mm。

2) 盘式制动摩擦片每 10000km 检查一次,使用厚度极限不能小于 1.5mm。

3) 制动主缸及制动轮缸的橡胶件及防尘套每 3 年更换一次。

4) 制动系统软管每 3 年更换一次。

5) 每 2 年更换一次制动液。

四、制动系统的检查内容

1）检查储液罐、储液罐节头或制动主缸有无损坏或漏油的迹象。
2）检查制动主缸与真空助力器之间有无损坏或漏油。
3）如图 2-72 所示，检查制动系统管路、制动软管、橡胶护圈及其接头有无损坏或漏油。
4）检查制动轮缸、制动钳、制动摩擦片、制动盘（图 2-73）有无异常情况。
5）检查驻车制动器，对于盘式制动器应有 6~9 个响声；鼓式应有 4~7 个响声，否则应进行调整。

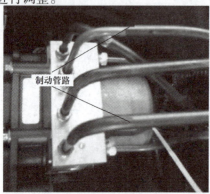

图 2-72　检查制动系统管路

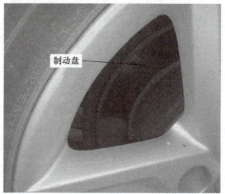

图 2-73　检查制动盘

实际操作

一、制动摩擦片的更换

1）举升起车辆，然后拆下车轮。
2）如图 2-74 所示，拆卸制动钳紧固螺栓。小心地打开制动钳，然后从卡钳支架上拆下摩擦片。
3）将卡钳支架及卡钳彻底清理干净，然后给摩擦片背面规定的位置添加润滑脂，最后按原位安装到卡钳支架上，如图 2-75 所示。

图 2-74　拆卸制动钳

图 2-75　安装摩擦片

4）用专用工具将卡钳活塞压缩，然后将卡钳安装就位并紧固制动钳螺栓。

5）安装车轮，踩踏制动踏板数次，以确保制动器工作正常，如有必要，则应添加制动液。

二、驻车制动器的检查与调节

（1）驻车制动器拉杆的调整

1）举升车辆后部，并用安全架将其支撑在适当的位置。

2）完全松开驻车制动拉杆。

3）拆下中心控制盘和控制盖，然后拧松驻车制动调节螺母，如图2-76所示。

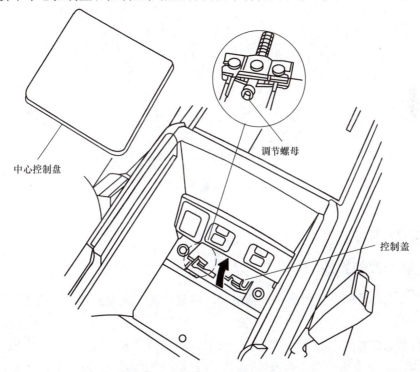

图2-76　驻车制动器拉杆调整

4）拧紧驻车制动调节螺母，直至后轮转动时驻车制动有些轻微卡滞。完全释放驻车制动拉杆，并检查确认转动后轮时驻车制动不发生卡滞。如有必要，则再次调节。

5）确保驻车制动拉杆在规定齿数范围内。

6）重新安装中心控制盘和控制盖即可。

（2）车轮上的调整

1）举升车辆后部，并用安全架将其支撑在适当的位置。

2）完全松开驻车制动拉杆。

3）拆下后车轮。

4）如图2-77所示，拆下检修孔塞，使用一字螺钉旋具在调节器总成上旋转棘轮齿，调整到合格位置为止。

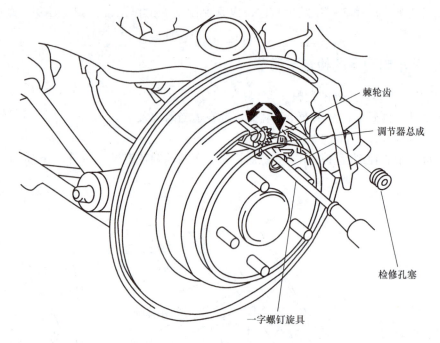

图 2-77 车轮上的调整

5）安装检修孔塞和后车轮。

三、制动液的更换

1）更换制动液时应尽可能多地抽出制动液储液罐中的制动液，然后添加新的制动液（图 2-78）。

2）打开制动轮缸上的排气阀螺钉，一个人踩制动踏板，另一个人使用油管扳手松开排气阀螺钉，将含有气泡的旧液体排出，并拧紧排气阀螺钉，如图 2-79 所示。重复操作直至从排气螺钉开始排出新制动液为止，同时要及时向储液罐添加新制动液。

图 2-78 添加新的制动液

图 2-79 拧紧排气阀螺钉

四、制动踏板自由行程的调整

1）汽车制动踏板的自由行程为 12～18mm，调整时可通过轻踩制动踏板来检查其自由行程。

2）如果自由行程出现差异，则松开推杆锁紧螺母（图 2-80），用钳子将推杆拧入或拧出，以达到调整制动踏板自由行程的目的。

3）调节完毕后，将锁紧螺母拧牢固。

图 2-80 调整制动踏板自由行程

 维修案例

1. 迈腾轿车制动踏板变硬

【故障现象】

一辆 2012 年款迈腾 1.8TSI 轿车，车主反映踩下制动踏板时感觉制动踏板变硬。

【故障诊断与排除】

1）首先检查液压制动系统，没有发现制动液泄漏的异常情况。

2）检查制动轮缸、制动主缸等均正常，于是更换制动液后进行试车，故障依旧。

3）关闭发动机，连续几次踩踏制动踏板，以消耗真空助力泵的真空，直至踩住制动踏板不放，重新起动发动机让其怠速运转，发现制动踏板行程没有变化，说明真空助力泵损坏或真空助力系统有故障。

4）使用真空表 VAG1368（发动机到真空助力泵之间的真空软管）检查发动机怠速时真空助力系统真空度，仅为 -150mbar（-15kPa），而正常值应为 -900mbar（-90kPa）左右。

5）拆下真空助力泵上的真空软管，将软管管口堵住，此时真空表读数为 -900mbar，说明真空助力泵存在泄漏，应进行更换。

6）更换真空助力泵，然后起动发动机进行检查，制动踏板变硬现象消除，故障排除。

2. 途安轿车制动时车辆跑偏

【故障现象】

一辆 2013 年款途安 1.4T 轿车，车主反映该车在高速行驶中紧急制动时出现向左或向右跑偏的现象。

【故障诊断与排除】

1）由于 ABS 制动报警指示灯数次不灭，于是利用 VAS5052 故障诊断仪进行检查，结果未发现任何故障码。

2）检查 4 个轮速传感器的线路连接，均正常。

3）用 VAS5052 故障诊断仪对 ABS 调节器电磁阀及液压泵进行功能测试，工作均正常，但是其声音有明显的迟缓，感觉有物质粘住一样。

4）打开制动液储液罐发现制动液呈现深黄色，说明制动液变质或导致制动管路堵塞所致，于是需要对制动管路进行清洗并更换制动液。

5）连接好制动液充放机，然后向制动液充放机添加新制动液，如图 2-81 所示。

6）按照要求在每个车轮上连接制动液回收壶，然后打开排气阀螺钉。如图 2-82 所示，起动制动液充放机，使其自动向制动系统中泵入新制动液，同时，使旧制动液由制动轮缸上的排气阀螺钉排出，完成制动管路的清洗和更换。

7）最后进行试车，制动系统恢复正常，故障彻底排除。

图 2-81　添加新制动液

图 2-82　起动制动液充放机

3. 迈腾轿车制动液位警告灯报警

【故障现象】

一辆 2012 年款迈腾 1.8TSI 轿车，车主反映起动后出现制动液警告灯频闪，在组合仪表的多功能显示器上提示"停车！制动液！见说明书"的异常情况（图 2-83）。

【故障诊断与排除】

1）用 VAS5052 故障诊断仪进行检测，没有故障码存储。

2）检查制动液面，液面高度正常。

3）制动液面传感器（F34）是舌簧开关式传感器，于是将 F34 触点插头 T2a/1 与 T2a/2 短接，还是报警，说明故障不在制动液面传感器。

4）检查制动液面传感器线路，根据制动液面警告电路图原理，可以看出 F34 触点插头 T2a/1 应该有 12V 电压，测量发现无电压，说明可能是仪表或线路断路。

5）将仪表拆下测量仪表插头 T32c/26，此针脚有电源输出，说明 T32c/26 和 T2a/1 的线路断路。

6）从制动液面传感器插头到仪表进行寻找，最后在仪表后端找到断路点，如图 2-84 所示。

图 2-83 故障的异常情况

图 2-84 线路断路点

7)将制动液面传感器断路线束接好,故障排除。

你学会了吗?

1. 制动系统的结构与工作原理是怎样的?
2. 制动系统的保养周期是多长?检查内容包括哪些?
3. 如何更换制动摩擦片?
4. 如何调节驻车制动器?
5. 制动液的更换方法是怎样的?
6. 如何调整制动踏板自由行程?

第 22 天　汽车悬架系统的养护

学习目标

1. 了解汽车悬架系统的作用与结构。
2. 熟悉汽车悬架系统的检查。
3. 掌握减振器的更换方法。
4. 掌握转向节球头的更换方法。

基础知识

一、汽车悬架系统的作用

汽车悬架系统是车架、车轮之间的所有传力连接装置的总称,它的主要作用如下:

1)把路面作用于车轮上的垂直反力、纵向反力和侧向反力以及这些反力所产生的力矩传递到车架上,保证汽车的正常行驶,即起传力作用。

2）利用弹性元件和减振器起到缓冲减振的作用。
3）利用悬架的某些传力构件使车轮按一定轨迹相对于车架或车身跳动，即起导向作用。
4）利用悬架中的横向稳定杆，防止车身在转向等行驶情况下发生过大的侧向倾斜。

二、汽车悬架系统的结构

汽车悬架系统包括前悬架和后悬架，它们一般由螺旋弹簧、减振器、横向稳定杆、上下摆臂、控制臂等组成。以雅阁轿车为例，汽车悬架系统的结构如图2-85所示。

三、汽车悬架系统的检查内容

1）检查稳定杆、球头是否松旷受损。
2）检查减振器是否渗漏。
3）检查螺旋弹簧、上下摆臂球头、控制臂是否损坏。
4）检查减振器橡胶轴承是否损坏等。
5）检查转向节球头防护套是否出现老化、损坏、裂纹，以及套内是否有润滑脂泄漏。如果转向节球头防护套出现润滑脂泄漏，则更换整个转向节球头；如果转向节球头防护套没有润滑脂泄漏，而是出现老化和裂开，则可以更换新的转向节球头防护套。

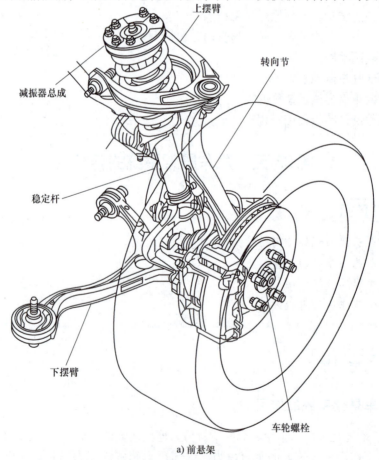

a）前悬架

图2-85 汽车悬架系统的结构

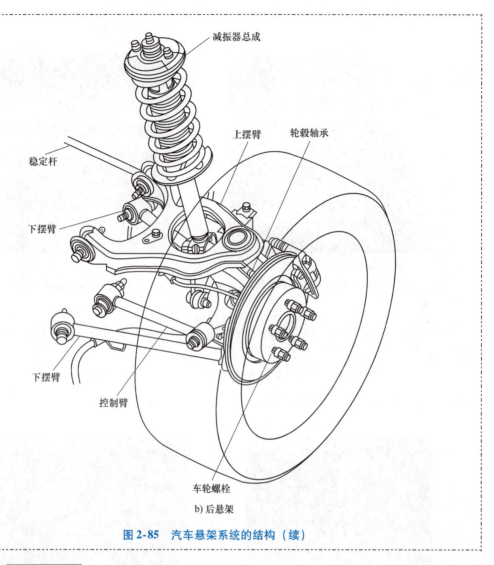

b) 后悬架

图 2-85 汽车悬架系统的结构（续）

实际操作

一、减振器的更换

以雅阁轿车的前减振器为例，减振器的更换步骤如下：
1）举升起车辆，并使用安全支架将其支撑在适当位置。
2）拆下前车轮。
3）拆下轮速传感器线束支架装配螺栓。
4）如图 2-86 所示，拆下减振器夹紧螺栓，然后拆卸下摆臂与减振器支架之间紧固螺母，最后拆下减振器支架。
5）如图 2-87 所示，从减振器顶部拆下减振器紧固螺母，然后小心地取下减振器总成，小心不要损坏车身的油漆。

图 2-86　拆卸减振器夹紧螺栓

图 2-87　拆卸减振器紧固螺母

6）安装专用的压缩工具将螺旋弹簧压缩，然后将减振器总成分解（图 2-88），拆下螺旋弹簧。

7）如图 2-89 所示，选择新的减振器，然后将防尘罩、缓冲块、弹簧装配垫、螺旋弹簧等相关部件按照与拆卸相反的顺序安装到新的减振器上。

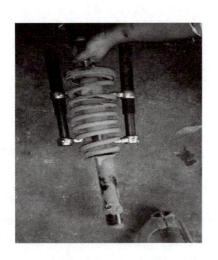

图 2-88　减振器总成分解

图 2-89　新的减振器

8）按照与拆卸相反的顺序安装减振器总成，如图 2-90 所示。

9）如图 2-91 所示，以规定的力矩拧紧减振器夹紧螺栓与减振器支架紧固螺母，最后装上轮胎即可。

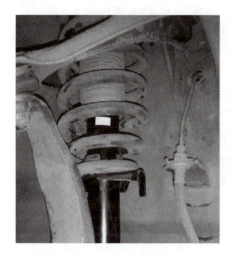
图 2-90　安装减振器总成

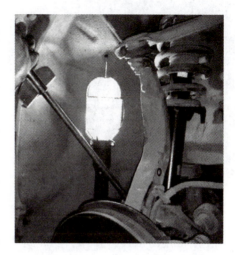
图 2-91　按规定的力矩拧紧螺母

二、更换转向节球头

转向节球头是汽车悬架中最容易损坏的部件，以雅阁轿车为例，转向节球头的更换步骤如下：

1）拆下转向节，如图 2-92 所示。

2）从转向节上拆卸球头，如图 2-93 所示。

图 2-92　拆下转向节

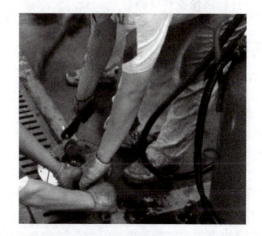
图 2-93　拆卸球头

3）拆下损坏的球头，如图 2-94 所示。

4）如图 2-95 所示，选择原厂新的球头进行更换。

图 2-94 损坏的球头

图 2-95 新球头

5)使用专用的工具将新球头安装到转向节上,然后按照与拆卸相反的顺序将转向节安装到汽车上即可。

维修案例

1. 本田凌派轿车车身前部异响

【故障现象】

一辆 2013 年款本田凌派 1.8L 轿车,车主反映该车转向时车身前部发出"嘎吱"异响。

【故障诊断与排除】

1)用手上下晃动右前车轮,感到上下有旷量。如图 2-96 所示,发现减振弹簧上方的橡胶轴承损坏。

2)拆卸右悬架后,拆下橡胶轴承,如图 2-97 所示。

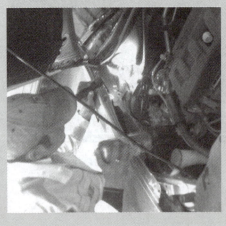
图 2-96 检查橡胶轴承

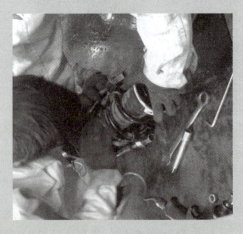
图 2-97 拆下橡胶轴承

3）按照与拆卸相反的顺序安装好减振弹簧上方的橡胶轴承（图2-98），然后将右悬架安装到汽车上进行试车，异响消除，故障排除。

2. 雅阁轿车前轮轴承异响

【故障现象】

一辆2016年款雅阁2.4L轿车，车主反映该车前轮异响，但节奏感不明显，随着车速的提高，异响音量也会升高。

【故障诊断与排除】

1）举升汽车，然后起动发动机，将自动变速器换入D位并不断地轻踩加速踏板。

图2-98　安装橡胶轴承

2）用听诊器听到2个轮毂上均有"嚓嚓"的响声，说明前轮轴承均已经损坏，必须进行更换。**注意：当轴承轻微缺油时会发出"噜噜"异响，严重缺油则发出"嚓嚓"异响。**

3）拆下转向节，然后从转向节上拆下损坏的前轮轴承，如图2-99所示。

4）如图2-100所示，选择原厂的前轮轴承，按照与拆卸相反的顺序安装到汽车上。

5）更换前轮轴承后异响消失，故障排除。

图2-99　拆下前轮轴承

图2-100　原厂的前轮轴承

 你学会了吗？

1. 汽车悬架系统的作用与结构分别是什么？
2. 汽车悬架系统的检查包括哪些内容？
3. 如何更换减振器？
4. 如何更换转向节球头？

第23天　动力转向系统的养护

学习目标

1. 了解动力转向系统的作用。
2. 了解动力转向系统的结构与原理。
3. 掌握转向油泵的养护。
4. 熟悉动力转向系统清洗及排气的方法。

基础知识

一、动力转向系统的作用

动力转向系统就是在驾驶人的控制下，借助于助力转向油泵产生的液体压力来实现车轮转向。动力转向系统可以减小转动转向盘所需的力，来降低驾驶人的疲劳程度从而提高行驶过程中的安全性。目前大部分轿车动力转向系统均采用齿轮齿条转向器。

二、动力转向系统的结构与原理

以雅阁轿车为例，动力转向系统主要由储油罐、转向油泵、齿轮齿条转向器、软管及管路、转向操纵机构（包括转向盘、转向轴、转向柱管吸能装置及万向节等）及转向传动机构（包括转向节、转向横拉杆等）组成，如图2-101所示。

动力转向系统的工作原理是通过转向油泵（由发动机传动带带动）提供油压推动齿轮齿条转向器，进而产生辅助力推动转向横拉杆，辅助车轮转向。

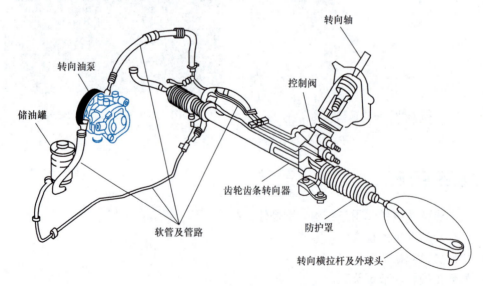

图2-101　动力转向系统的结构与原理

实际操作

一、转向油泵的养护

1）从汽车上拆下转向油泵,然后清洁干净油泵壳体,如图 2-102 所示。

2）如图 2-103 所示,分解转向油泵,检查转向油泵的零部件是否损坏,如有损坏,则更换新的零部件,必要时更换新的转向油泵。

3）更换所有的密封圈,密封圈位置示意图如图 2-104 所示。

图 2-102　清洁干净油泵壳体

图 2-103　分解转向油泵

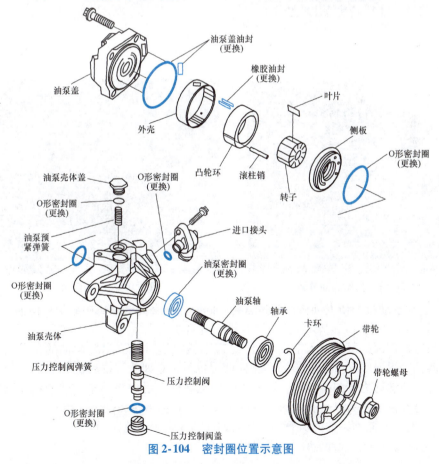

图 2-104　密封圈位置示意图

4）按照与拆卸相反的顺序组装转向油泵，如图 2-105 所示。
5）如图 2-106 所示，重新将转向油泵安装到汽车上并添加助力转向油即可。

图 2-105　组装转向油泵图

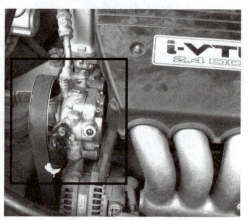

图 2-106　安装转向油泵

二、清洗动力转向系统

1）抬起并支撑车辆，使之离开地面，直到前轮能自由转动。
2）将转向油从储油罐中吸出。
3）从储油罐上拆下回油软管，如图 2-107 所示。
4）如图 2-108 所示，在回油软管口插入一根软管并将另一端放入一大容器中，同时用手指或塞子堵住储油罐的接口。

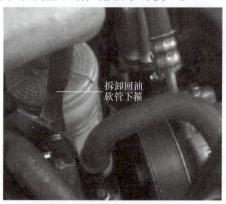

图 2-107　拆卸回油软管

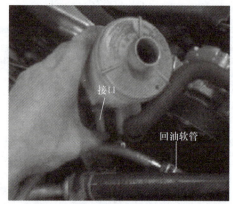

图 2-108　收集旧油

5）起动发动机并使发动机以怠速运转，同时由助手向储油罐中添加转向油。
6）将转向盘左右来回转到底，并不断地向储油罐内倒入转向油（注意不能等储油罐内无油时再倒入，以防混入空气），同时观察透明塑料管流出转向油的色泽，直到转向油的颜色变得透红（与新的转向油颜色相同）时，立即关闭发动机。
注意：清洗动力转向系统时，不得将转向盘转到底后保持不动。转向盘转到底后保持不动将导致系统压力过高、过热，并损坏转向油泵和齿轮齿条转向器。
7）迅速接好储油罐的回流管，再将转向油加注到规定范围为止。
8）起动发动机，确保管路无渗漏即可。

三、动力转向系统排气

当发现转向油出现发黑变质、有气泡或浮化现象时,应更换转向油。在添加转向油过程中,由于转向油泵在吸油时真空度较大,转向油中会吸入一些空气,因此添加转向油后必须排空气,操作方法如下:

1)从储油罐上拆下回油管,将回油软管口插入一根软管并将另一端放入一大容器中,同时用手指或塞子堵住储油罐的接口。

2)起动发动机并怠速运转,反复转动转向盘使动力转向系统内的转向油全部排出,并使齿轮齿条转向的活塞以全行程往复运动,将空气从动力转向系统中逐渐排出。排气过程中应不断添加转向油。当储油罐中不再出现气泡,而且油位保持在要求的位置上时停止排气。

3)迅速接好储油罐的回流管,再将转向油加注到规定范围即可。

 维修案例

1. 凯美瑞轿车转向沉重

【故障现象】

一辆2012年款凯美瑞2.0L轿车,车主反映该车行驶中出现转向沉重的现象。

【故障诊断与排除】

1)首先进行试车,发现动力转向系统的转向助力效果逐渐减弱,转向时出现转向沉重的现象。根据试车情况,检测发现助力转向油面高度正常,没有出现泄漏的情况。

2)将油压表的一端接在转向油泵的输出端,另一端接在齿轮齿条转向器的输入端,使发动机怠速运转;在油压表阀门全闭的情况下,测得油压为3500kPa,而标准值应大于7000kPa,说明转向油泵有故障。

3)将转向盘分别转到左右极限位置,再打开油压表阀门,分别测量油压均为3500 kPa,说明齿轮齿条转向器、安全阀以及溢流阀均正常。

4)拆检转向油泵,发现泵内的各叶片表面磨损严重,厚度仅为1.35mm,而标准值为1.55mm。

5)更换转向油泵内的叶片、弹簧和弹簧座,按规定安装好后试车,故障排除。

2. 凯美瑞轿车转向油泵异响

【故障现象】

一辆2012年款凯美瑞2.0L轿车,车主反映该车在行驶途中转向油泵出现异响。

【故障诊断与排除】

1)首先打开发动机盖检查转向油泵储液罐油液,液面正常,但发现油液起泡,说明动力转向系统有空气。

2)起动发动机,使其怠速运转几分钟,将转向盘从左向右转到全锁位置,并保持2~3s,然后反方向转到另一全锁位置保持2~3s,如此重复数次后,重新检查,气泡消失,但异响仍然存在。

3)起动发动机使其怠速运转,其中一个维修人员转动转向盘,另一个维修人员用听诊仪检查发现转向油泵内部异响,表明该转向油泵有磨损的情况。

4)更换转向油泵,并添加动力转向油后试车,故障排除。

3. 北京现代悦动轿车转向盘不能自动回位

【故障现象】

一辆 2011 年款北京现代悦动 1.6L 轿车,车主反映该车转向盘不能自动回位。

【故障诊断与排除】

1)检查转向盘、转向柱以及转向油泵均正常,也没有出现动力转向油泄漏的情况。

2)检查汽车轮胎,轮胎的技术状态均正常。

3)如图 2-109 所示,使用四轮定位仪检查前轮前束值,各项参数符合要求。

4)驾驶汽车进行长时间的路试,发现在复杂的道路行驶时,齿轮齿条转向器异响,说明转向器内部故障,必须更换。

5)更换齿轮齿条转向器,然后调整前轮前束值至合适位置。

6)驾驶汽车进行路试,转向盘不能自动回位现象消除,故障排除。

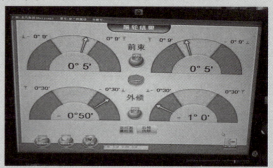

图 2-109 前轮前束值

你学会了吗?

1. 动力转向系统的作用是什么?
2. 动力转向系统的结构与原理分别是什么?
3. 转向油泵如何养护?
4. 如何清洗动力转向系统?
5. 动力转向系统如何排气?

第 24 天 汽车轮胎的检查与维护

学习目标

1. 了解汽车轮胎的作用与结构、轮胎的规格。
2. 掌握轮胎外观检查。
3. 掌握轮胎胎压检查。
4. 掌握轮胎充氮气。
5. 掌握快速补胎。
6. 掌握轮胎的位置调整。
7. 掌握轮胎的更换。

一、轮胎的作用与结构

轮胎安装在车轮上,它的作用是支持车辆的全部重量,承受汽车的负荷,保证车轮与路面的附着力。轮胎的结构种类繁多,以轿车轮胎为例,轮胎的结构如图2-110所示。

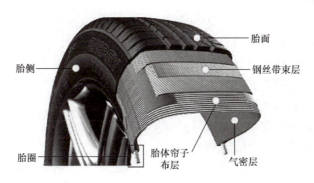

图2-110 轮胎的结构

二、轮胎的更换周期

轮胎的更换周期为5年或20000～50000km,但是经常跑高速,轮胎气压不正常都会降低轮胎的使用寿命。而且,当轮胎花纹深度小于1.6mm,轮胎胎侧破损或鼓包时则需要更换轮胎。

三、轮胎的规格

轮胎的规格是根据使用要求和尺寸大小确定的。轮胎的规格必须标在轮胎的侧面,一般为三组,由数字和英文字母组成,以205/55R16/91V(图2-111)级轮胎为例,205表示胎面宽度为205mm,55表示高宽比为55%,R16指子午线轮胎,轮胎内径16in(1in=0.0254m),载重指

图2-111 轮胎的规格

标91表示此轮胎载重上限为615kg,轮胎速度级别代号V表示安全速度是240km/h。

(1) 轮胎类型 R代表子午线结构轮胎,表明组成轮胎的织物层呈辐射状,排布在胎体内;B代表斜交结构轮胎,表明织物层在胎体中呈对角排列,同时帘布层的方向相互交替以起到增强作用。

(2) 载重指数等级 超负荷10%轮胎寿命将降低20%,超负荷还会增大滚动阻力,超负荷30%滚动阻力将增加45%～60%。

1) 85表示轮胎载重上限为515kg。

2) 86表示轮胎载重上限为530kg。

3）87 表示轮胎载重上限为 545kg。
4）88 表示轮胎载重上限为 560kg。
5）89 表示轮胎载重上限为 580kg。
6）90 表示轮胎载重上限为 600kg。
7）91 表示轮胎载重上限为 615kg。
8）92 表示轮胎载重上限为 630kg。
9）93 表示轮胎载重上限为 650kg。
10）94 表示轮胎载重上限为 670kg。
11）95 表示轮胎载重上限为 690kg。
12）96 表示轮胎载重上限为 710kg。
13）97 表示轮胎载重上限为 730kg。
14）98 表示轮胎载重上限为 750kg。
15）99 表示轮胎载重上限为 775kg。
16）100 表示轮胎载重上限为 800kg。
17）101 表示轮胎载重上限为 825kg。
18）102 表示轮胎载重上限为 850kg。
19）103 表示轮胎载重上限为 875kg。

（3）轮胎速度级别

1）轮胎速度级别代号 N，表示安全速度是 140km/h。
2）轮胎速度级别代号 P，表示安全速度是 150km/h。
3）轮胎速度级别代号 Q，表示安全速度是 160km/h。
4）轮胎速度级别代号 R，表示安全速度是 170km/h。
5）轮胎速度级别代号 S，表示安全速度是 180km/h。
6）轮胎速度级别代号 T，表示安全速度是 190km/h。
7）轮胎速度级别代号 U，表示安全速度是 200km/h。
8）轮胎速度级别代号 H，表示安全速度是 210km/h。
9）轮胎速度级别代号 V，表示安全速度是 240km/h。
10）轮胎速度级别代号 W，表示安全速度是 270km/h。
11）轮胎速度级别代号 Y，表示安全速度是 300km/h。

较常见轮胎速度级别代号为 S、T、H，而 ZR 表示安全速度高于 240km/h。

 实际操作

一、轮胎外观检查

1）如图 2-112 所示，检查轮胎是否出现老化的现象，即轮胎橡胶发硬且出现裂纹等异常情况必须更换。

2）检查轮胎是否存在鼓泡、刮伤、顶裂、变形等异常情况。

3）定期检查轮胎气压使其在规定的范围内。此外，还要清理干净轮胎花纹中石子、杂物等。

4）检查轮胎花纹磨耗状况。当轮胎磨损至磨损指示标志必须更换轮胎。

5）测量轮胎花纹的深度，如果轮胎花纹深度小于1.6mm，则说明轮胎磨损到极限，必须更换轮胎。

二、轮胎胎压检查

1）汽车轮胎的生产制造商对汽车的胎压都是有规定的，其标准值一般位于驾驶室的门旁边，所有轮胎的胎压都应该参考该汽车胎压铭牌（图2-113）。

图2-112　轮胎外观检查

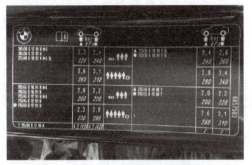

图2-113　汽车胎压铭牌

2）使用胎压计测量汽车轮胎胎压，首先打开轮胎的气门芯螺母，然后把胎压计的测量头插在气门芯上（图2-114），注意插在气门芯上的时候要均匀，否则将会出现漏气的情况，这会影响测量的准确性。

3）把胎压计测量出的数据和汽车制造商规定的数据做对比，看胎压是否准确，如果气压不足，则要补充充气。

图2-114　胎压计的测量头插在气门芯上

4）继续测量剩余3个轮胎的胎压，看胎压是否准确，如果气压不足，则要补充充气。

三、轮胎充氮气

1. 轮胎充氮气的作用

氮气，化学式为N_2，通常状况下是一种无色无味的气体，而且一般氮气比空气密度小，氮气占大气总量的78.08%（体积分数），是空气的主要成分之一。氮气是一种非常稳定的惰性气体。轮胎充氮气的好处主要有以下几点：

（1）减少爆胎　汽车行驶时，轮胎会因与地面摩擦而使温度急剧上升，特别是在高速行驶的过程中，胎内气体温度急速上升导致胎压骤增，所以才会有爆胎的可能。

（2）延长轮胎寿命　使用氮气后，胎压更加稳定，胎内气体体积变化也小，这样就大大降低了轮胎不规则摩擦，无形中提高了轮胎的寿命。另外，轮胎橡胶的老化是因为受到氧分子的氧化，而氮气能极大限度地排除空气中的氧气、硫、油、水以及多数杂质，延长了轮胎的寿命，也可以减少轮辋生锈的情况发生。

（3）降低油耗　在汽车行驶过程中，胎压的不足与受热后阻力的增加，均会造成汽车油耗的增加。而氮气充胎可以维持非常稳定的胎压，氮气热传导性低、升温慢的特性还有效降低了轮胎高速行驶时温度的升高，从而降低了滚动阻力，可以达到十分明显的减少油耗的目的。

（4）降低噪声　氮气是一种双原子气体，化学性质不活泼，而且音频传导性非常低，仅相当于普通空气的1/5，所以使用氮气能有效地减少轮胎在行驶过程中的噪声，对于提高行驶的宁静度效果明显。

2. 轮胎充氮气的方法

轮胎充氮气需要轮胎氮气机，如图2-115所示。轮胎充氮气的方法主要有2种，具体如下：

（1）轮胎原地（车辆驻停）充氮气

1）首先请驾驶人将车辆停在平坦路面或举升机指定工位，要求驾驶人熄火后将驻车制动器拉好。

2）使用千斤顶或举升机二次举升小滑车，将需要充氮气的轮胎支起。

3）取掉轮胎气门芯，放掉轮胎内部的所有压缩空气，并将卸掉的气门芯放在指定的工具盒内。

4）检查气门芯及气门嘴的老化程度，当确认无安全隐患时，将抽真空打气枪连接到气门嘴处，将抽真空打气枪功能按钮置于抽真空工作状态后，将轮胎里的剩余空气抽掉。

图2-115　轮胎氮气机

5）充氮气至200kPa后，停止充氮气，放掉胎内氮气。装上气门芯，最终充至汽车设定的胎压为止。

6）使用泡沫喷壶检查所充氮气轮胎气门嘴部位是否漏气，当检查完毕后将气门嘴帽安装在气门嘴处并旋紧（当无气门嘴帽时协助车主将缺帽气门嘴安装好），协助车主检查其他轮胎（包括备胎）气压是否正常。

7）当检查无其他安全隐患时，将车辆交付给车主并引导驾驶人倒车离店。

（2）轮胎拆装充氮气

1）首先请车主将车辆停在平坦路面上并要求其将驻车制动器拉好。

2）使用千斤顶将需要充氮气的轮胎支起。

3）使用十字扳手或风动扳手卸掉轮胎螺母，将拆掉的螺母放置在指定的工具盒里，防止螺母丢失。

4）取掉轮胎气门芯，放掉轮胎内部的所有压缩空气。

5）检查气门芯及气门嘴的老化程度，当确认无安全隐患时将抽真空打气枪连接到气门嘴处，将抽真空打气枪功能按钮置于抽真空工作状态后，将轮胎里的剩余空气抽掉。

6）充氮气至200kPa后，停止充氮气，放掉胎内氮气。装上气门芯，最终充至汽车设定的胎压为止。

7）使用泡沫喷壶检查所充氮气轮胎气门嘴部位是否漏气，当检查完毕后将气门嘴帽安装在气门嘴处并旋紧（当无气门嘴帽时协助车主将缺帽气门嘴安装好），协助车主检查其他轮胎（包括备胎）气压是否正常。

8）将充氮气结束后的轮胎安装在车辆上，旋紧螺母后将轮圈上的相关备件安装牢靠。

9）当检查无其他安全隐患时，将车辆交付给车主并引导驾驶人倒车离店。

四、快速补胎

修补轮胎前首先检查扎了钉子的位置是否漏气，可以使用泡沫水滴在扎钉子的位置，然后观察是否有冒泡。如果没有冒泡，则说明轮胎没有扎透，此时只要小心地把钉子取出来就可以继续使用；如果已经冒泡，就要进行轮胎的修补。快速补胎的方法主要有以下几种：

1. 外补胶条修补轮胎

外补胶条也称之为"牛筋"，这种补胎方式的特点就是方便快捷，但是只能修补较小的钉孔。具有的修补方法如下：

1）准备一个把锥子，然后对泄漏的钉孔进行修整。

2）用一根外补胶条穿过专用工具尖端的一个小孔，然后连针带外补胶条扎入漏洞，确认外补胶条2/3的长度都扎进去后，旋转手柄一圈，使胎内的外补胶条与轮胎内密封。

3）小心地拔出专用工具，将外补胶条留在漏洞内。

4）使用剪刀小心地修剪外补胶条露出的部分，然后对其进行充气检查，确保无泄漏；如果存在泄漏，则必须拆下轮胎使用其他方法进行修补，必要时更换新的轮胎。

2. 使用火补修补轮胎

1）首先拆开轮胎，使用打磨机把漏孔附近的气密层橡胶磨掉，直到清晰地看到钢丝层为止。

2）剪一片热补胶片，大小与钢丝层露出面积相符，然后在打磨过的区域上涂上热补胶水，并把热补胶片贴到轮胎气密层上，然后用拇指压紧。

3）在热补胶片上铺一层报纸，防止使用熨斗对热补胶片加热时，橡胶融化沾到熨斗上。

4）使用电加热的轮胎热补工具，把贴上去的热补胶片加热压紧3min。

5）拆下轮胎热补工具，然后涂上水冷却热补胶片并取下多余的报纸。

6）检查修补区域确保正常后将其安装到车轮上即可。

3. 粘贴修补轮胎

1）首先拆开轮胎，然后使用打磨机把漏孔附近的气密层橡胶磨掉，使气密层变得粗糙。

2）使用清洁剂对打磨区域进行清洗。

3）在打磨的区域涂上常温硫化剂。

4）如图2-116所示，贴上冷补胶片并用滚轮在它上面来回滚压，使冷补胶片和气密层粘合得更紧密。

5）如图2-117所示，撕掉冷补胶片上的塑料膜，然后在修补处均匀涂抹上一层专用的修复剂。最后检查修补区域确保正常后将其安装到车轮上即可。

图2-116　贴上冷补胶片

五、轮胎的位置调整

轮胎换位最好按照制造商说明书的程序进行,一般每行驶 10000km 需要进行轮胎换位,这里主要介绍 3 种常用的换位方法(图 2-118):前后换位、同轴换位和备用胎换位。

图 2-117 贴冷补胶片的效果　　　　图 2-118 轮胎换位

六、轮胎的更换

1. 拆卸轮胎

1)如图 2-119 所示,旋出轮胎气门芯,释放轮胎内的空气。

2)清理掉轮辋上的旧平衡块。

3)将轮胎摆放在扒胎机侧面,调整轮胎与分离铲的位置,使分离铲置于轮胎胎圈与轮辋边缘之间,如图 2-120 所示。挤压轮胎时,分离铲要靠近胎胶皮侧,防止轮辋损伤。

4)踩下压胎踏板,分离铲开始挤压轮胎,直到轮胎胎圈离开轮辋边缘为止,然后转动轮胎,调整轮胎挤压部位。如此反复操作,使轮胎胎圈全部脱离轮辋边缘。操作时,一手扶住分离铲手柄,使分离铲的位置保持不变;另外一只手扶住轮胎,防止轮胎滚动,避免轮辋损坏。

5)用同样的方法拆卸轮胎侧面,使轮胎两侧均脱离轮辋边缘。

图 2-119 旋出轮胎气门芯　　　　图 2-120 分离轮胎与轮辋

6)将轮胎平放到扒胎机装盘的夹钳上。

7)双手扶住轮胎,踩下夹钳踏板,使夹钳张开夹住车轮,确保车轮卡紧。

8)检查扒胎机拆装头与轮辋之间的间隙,将撬杠插入轮胎胎圈与轮辋之间,下压撬起胎圈,将胎圈搭于拆装头上(图2-121)。

9)双手扶住轮胎两侧,踩下转动踏板,同时抽出撬杠,使胎圈与轮辋分离。

10)使用撬杠以同样的方法抬起反面胎圈,然后踩下旋转踏板,拆卸轮胎,如图2-122所示。

图 2-121 拆卸正面胎圈

图 2-122 拆卸反面胎圈

11)松开锁止按钮,松开扒胎机拆装头,踩下踏板,将拆装头推离轮胎。

12)取下轮胎,如图2-123所示。

2. 安装轮胎

1)在轮胎胎圈处均匀抹上肥皂水,如图2-124所示。

2)将轮胎放在轮辋之上,下压轮胎一端,使轮胎胎圈装于轮辋边沿上,正确调整并安装扒胎机拆装头,确认调好后,锁止拆装头。

图 2-123 取下轮胎

3)将轮胎下胎圈正确地固定到拆装头。

4)如图2-125所示,手扶住轮胎并将其下压,然后踩下转动踏板,转盘顺时针旋转,轮胎下胎圈被装入轮辋内。

图 2-124 抹上肥皂水

图 2-125 轮胎下胎圈装入轮辋内

5)倾斜轮胎,并将轮胎上侧部分胎圈压入轮辋边沿。双手扶住轮胎并将其下压,然后踩下转动踏板,转盘顺时针旋转,使轮胎上胎圈装入轮辋内,如图2-126所示。

6)松开锁止按钮,松开扒胎机拆装头。

7)使用气压表根据轮胎气压标准值给轮胎充气,如图2-127所示。

8)安装气门芯螺母。

9)踩下锁止踏板,取下车轮。

10)在轮胎气门芯及胎圈处均匀涂上泡沫水,检查轮胎有无漏气。

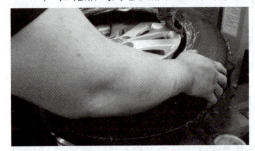
图2-126 轮胎上胎圈装入轮辋内

图2-127 给轮胎充气

你学会了吗?

1. 汽车轮胎的结构是怎样的?
2. 如何检查轮胎外观?
3. 如何检查轮胎胎压?
4. 如何给轮胎充氮气?
5. 简述如何快速补胎?
6. 简述如何调整轮胎的位置?
7. 简述如何更换轮胎?

第25天 车轮动平衡

学习目标

1. 了解车轮动平衡的作用及设备。
2. 掌握车轮动平衡的操作方法。

基础知识

汽车的车轮是由轮胎、轮毂组成的一个整体。但由于制造上的原因,使这个整体各部分的质量分布不可能非常均匀。当汽车车轮高速旋转起来后,就会形成动不平衡状态,造成车辆在行驶中车轮抖动、转向盘振动的现象。为了避免这种现象或是消除已经发生的这种现象，就要使车轮在动态情况下通过增加配重的方法，使车轮校正各边缘部分的平衡。这个校正的过程就是我们常说的车轮动平衡（图2-128）。

图2-128 车轮动平衡

实际操作

1）清除待测轮胎及车轮上的泥土、石子等杂物，使用平衡钳取下旧平衡块。

2）检查轮胎气压，若不符合规定，应调整胎压至标准值。

3）根据轮辋中心孔的大小选择锥体，仔细地装上车轮，然后用大螺距螺母上紧车轮，如图2-129所示。

4）打开动平衡机电源。

5）根据轮辋形状，在操作面板上选择合适的轮辋。

6）拉出测量尺测量轮胎边距，读出具体数据并输入动平衡机。

图2-129 将车轮固定在动平衡机上

7）如图2-130所示，用轮辋宽度测量尺测量车轮轮辋宽度，并输入动平衡机。

8）查看轮胎侧面的轮辋直径，并输入动平衡机。

9）按下起动开关，车轮旋转动平衡测试开始，如图2-131所示。

图2-130 测量车轮轮辋宽度

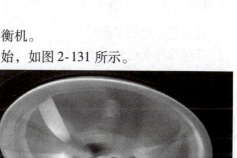

图2-131 车轮旋转动平衡测试开始

10）车轮自动停转或听到"滴滴"声后，查看所测车轮的动不平衡数据，如图2-132所示。

11）转动车轮到达内侧不平衡点，此时该不平衡点指示灯亮，并用手扶住车轮，在车轮轮辋左侧内侧 12 点位置，根据测量到的不平衡量，装上相应质量的平衡块，如图 2-133 所示。

图 2-132　读取动不平衡数据

图 2-133　装上相应质量的平衡块

12）如图 2-134 所示，重新进行动平衡测试，直至不平衡量 <5g，即平衡机显示面板显示 "0" 或 "OK" 为合格，否则需要加装平衡块进行调整，直到显示不平衡量 <5g 为止。

13）取下大螺距螺母。
14）取下车轮。
15）取下轮辋中心的锥体。
16）关闭动平衡机电源。

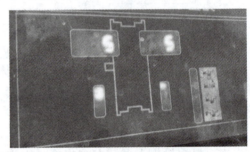

图 2-134　重新进行动平衡测试

你学会了吗？

1. 什么是车轮动平衡？
2. 车轮动平衡有什么作用？
3. 如何进行车轮动平衡的操作？

第 26 天　汽车四轮定位

学习目标

1. 了解汽车四轮定位含义和作用。
2. 了解四轮定位工具。
3. 掌握四轮定位仪检测与调整前轮前束方法。

一、汽车四轮定位含义和作用

轿车的转向轮、转向节和前轴三者之间的安装具有一定的相对位置，这种具有一定相对位置的安装叫作转向车轮定位，也称作前轮定位。前轮定位包括主销后倾（角）、主销内倾（角）、前轮外倾（角）和前轮前束 4 个内容。这是对 2 个转向前轮而言的，对 2 个后轮来说也同样存在与后轴之间安装的相对位置，称作后轮定位。后轮定位包括车轮外倾（角）和逐个后轮前束。前轮定位和后轮定位总体叫作四轮定位。四轮定位的作用是使汽车保持稳定的直线行驶和转向轻便，并减少汽车在行驶中轮胎和转向机件的磨损。

1. 前轮前束

前轮前束是指左右两前轮前端水平距离与其后端水平距离之差，如图 2-135 所示。当 B 小于 A 时，叫作前轮正前束；当 B 大于 A 时，叫作前轮负前束。前轮前束则是车轮上端向内，前轮前束的调整要确保汽车行驶的直线性，不正确的束角将导致轮胎的过度磨损。

2. 主销后倾角

主销后倾角是指在车辆纵轴方向上，转轴轴线与经过车轮中心的路面垂直线之间形成的倾角；而主销后倾偏距是指转轴轴线与经过车轮中心的垂直线在路面上所形成的交点间的距离，如图 2-136 所示。

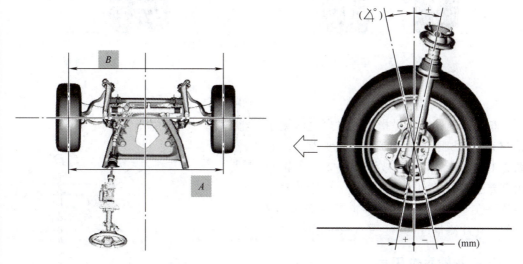

图 2-135　前轮前束　　　　图 2-136　主销后倾角和主销后倾偏距

1）主销后倾为正时，车轮接地点在转轴与路面的交点之后（车轮被拉动）。正的主销后倾有助于车辆转向稳定性。

2）主销后倾为负时，车轮接地点在转轴与路面的交点之前（车轮被推动）。负的主销后倾有利于提供转向轻便性。

3. 车轮外倾角

如图 2-137 所示，车轮外倾角是汽车正视图上车轮相对于铅垂面向外（或向内）倾斜的夹角，正外倾是正视图中车轮上端向外，负外倾则是车轮上端向内，外倾角是控制转向时的中心点位于轮胎中心，这将使转向省力，不适当的外倾角将导致轮胎内外侧的加速磨损、转向困难以及方向转向困难等。

4. 主销内倾角

主销内倾角是在横向平面内，主销中心线与实际垂线之间的夹角，如图 2-138 所示。主销内倾角是不能调整的，一般存在故障时只能更换零部件进行解决。主销内倾角可防止前轮外倾角过大、减小转向阻力臂使转向轻便、提高操纵稳定性、减少轮胎磨损、提高方向稳定性、使汽车重量的分配更接近轮胎与路面接触区。

图 2-137　车轮外倾角

图 2-138　主销内倾角

5. 车轮转向偏差角

车轮转向偏差角是指转向时弯道内侧车轮与弯道外侧车轮之间的角度差 δ，如图 2-139 所示。转向系被设计成 2 个车轮的角度差随转向角的增大而改变。车轮转向偏差角是在弯道内侧车轮的转向角为 20°时测量的，在此测量过程中会受前束的影响。

二、四轮定位工具

四轮定位工具主要有气压表、卷尺、轮胎花纹深度尺、常用工具一套和四轮定位仪。其中，四轮定位仪主要是检测汽车定位参数，判断其是否符合原厂规定的要求，如果不符合要求，则必须进行调整。以 3D 四轮

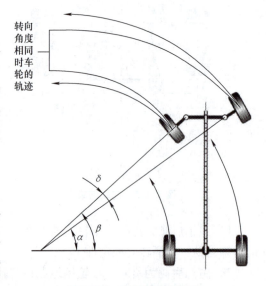

图 2-139　车轮转向偏差角

定位仪为例，其基本结构包括四轮定位仪主机（计算机、显示器、打印机）、照相机、目标靶、主机信号线、专用夹具、立柱、转向盘固定架、制动踏板固定架等，如图2-140所示。

a) 目标靶及专用夹具　　　　　　　　b) 四轮定位仪主机

图 2-140　四轮定位仪

实际操作

一、车辆的检查

（1）停放车辆　首先确保转盘定位销锁在上转盘，然后将汽车驶入四轮定位仪上，同时要确保前轮放在转盘正中（图2-141），后轮置于滑板上。拉紧驻车制动器，在后轮前后放置防滑器。

图 2-141　前轮放在转盘正中

（2）检查轮胎胎压　轮胎胎压的高低会影响到四轮定位的检测结果，因此在做四轮定位之前要确保胎压在标准范围内。

（3）检查轮胎花纹深度　4个轮胎的花纹深度如果相差过大，则会影响四轮定位的检测结果。如果有轮胎的花纹深度不符合要求，则需要更换轮胎后再进行四轮定位。

（4）检查车辆底盘　首先安全地举升车辆至一定高度，然后检查转向机横拉杆球头是否松动、横拉杆有无弯曲或损坏、悬架系统是否有变形、底盘是否有碰撞等情况，最后降下车辆但不完全降到底,如图 2-142 所示。**注意:转向机横拉杆球头如有松动、变形,将会影响四轮定位检测结果,需要更换后在进行检测调整。**

图 2-142　降下车辆

二、定位测量

(1) 安装专用夹具及目标靶　如图 2-143 所示,分别将 4 个专用夹具及目标靶装在轮毂上,然后检查是否安装牢固,最后将转盘定位销拔出。**注意:专用夹具可由内向外卡,也可将星形卡爪反过来由外向内卡。**

(2) 偏位补偿　根据计算机的提示,进行偏位补偿操作。

(3) 车轮定位检测

1) 根据四轮定位仪提示,将转向盘转到绿色位置,稳住转向盘,直到下一个提示出现。

2) 安装制动踏板锁止机构。

3) 调整传感器的水平位置。

4) 继续根据四轮定位仪的提示操作,直到出现前轮前束数据(图 2-144),从该车前轮前束数据得知该车是否需要调整。

图 2-143　安装专用夹具及目标靶

图 2-144　前轮前束数据

三、定位调整

(1) 前轮前束调整　如果确认车轮外倾角数据合格,但前轮前束数据显示不合格,则需要进行前轮前束调整,调整步骤如下:

1）拆下 2 个防尘套卡子。

2）使用 19mm 开口扳手和 19mm 油管扳手配合松开横拉杆锁紧螺母。

3）如图 2-145 所示，使用 19mm 和 15mm 开口扳手配合，将左前轮前束按照屏幕标准数据调整到公差范围内。

4）使用 19mm 和 15mm 开口扳手配合，将右前轮前束按照屏幕标准数据调整到公差范围内。

图 2-145　前轮前束调整

5）使用 19mm 开口扳手和 19mm 油管扳手将左、右横拉杆的锁紧螺母锁紧。

6）安装好 2 个防尘套卡子。

（2）前轮外倾角调整　如果前轮外倾角数据不合格，则需要进行前轮外倾角调整，调整步骤如下：

1）拆下前轮。

2）拆下前减振器下侧的 2 个螺母。

3）按所需的调整方向将前桥轮毂推到底或拉到底。

4）拧紧螺母并安装好前轮。

5）检查外倾角。如果不在规定的公差范围内，则需要继续重新调整，最后将前轮前束调整到合格范围。

四、结束工作

（1）打印检测报告　车辆检测调整完毕后打印检测报告，然后退出车辆定位程序，关闭计算机电源。

（2）收拾工具　拆下 4 个专用夹具及目标靶，降下车辆，锁好转盘和滑板的锁止销，再将车辆驶离四轮定位台。**注意：如果不锁好转盘和滑板的锁止销，则汽车驶离四轮定位台容易损坏转盘和滑板。**

 你学会了吗？

1. 什么是四轮定位？
2. 四轮定位是怎么样的？
3. 如何用四轮定位仪检测与调整前轮前束？

第三章

汽车空调养护必知必会

第27天　汽车空调的检查与养护

学习目标

1. 了解汽车空调的作用。
2. 了解汽车空调的结构与工作原理。
3. 掌握汽车空调制冷性能的检查方法。
4. 掌握空调滤清器的更换方法。
5. 掌握空调系统除异味的方法。

一、汽车空调的作用

汽车空调可以实现对车室内空气进行制冷、加热、换气和空气净化。它不仅可以为乘员提供舒适的乘车环境，而且还能降低驾驶人的疲劳强度，提高行车安全。汽车空调包括制冷系统、暖风系统、通风系统、空气净化装置和控制系统五大部分。

二、制冷系统的结构与工作原理

1. 制冷系统的结构

以雅阁轿车为例，汽车空调制冷系统一般由压缩机、冷凝器、蒸发器、膨胀阀、储液干燥器、管道、冷凝器电子风扇和控制系统等组成，如图3-1所示。

储液干燥器是一个储存制冷剂及吸收制冷剂水分、杂质的装置。它不仅能储存多余的制冷剂，还能过滤掉制冷剂中掺杂的杂质。

冷凝器和蒸发器结构类似，它们都是在一排弯绕的管道上布满散热用的金属薄片，以此实现外界空气与管道内物质热交换的装置。冷凝器的冷凝指的是其管道内的制冷剂散热从气态凝成液态。蒸发器与冷凝器正好相反,它是使制冷剂吸收热量由液态变成气态(即蒸发)。

2. 制冷系统的工作原理

发动机驱动的压缩机将气体的制冷剂从蒸发器中抽出,并将其送入冷凝器。高压气体制冷剂经冷凝器时液化而进行热交换(释放热量),热量被车外的空气带走。高压液体的制冷剂经膨胀阀的节流作用而降压,低压液体制冷剂在蒸发器中汽化而进行热交换(吸收热量),此时蒸发器附近被冷却了的空气通过鼓风机吹入车室内。接着气体制冷剂又被压缩机抽走,泵入冷凝器,如此使制冷剂进行封闭的循环流动,不断地将车室内的热量排到车外,使车室内的气温降至适宜的温度。

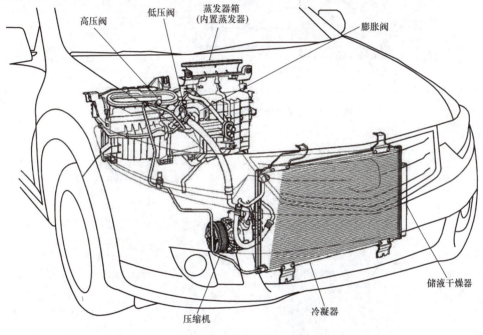

图 3-1 制冷系统的结构

三、暖风系统的结构与工作原理

暖风系统是由发动机冷却液通过暖水阀进入加热器芯中,暖水阀受驾驶人(手动空调)或空调控制单元指令(自动空调)的控制。当暖水阀开启时,较热发动机冷却液流经加热器芯,使加热器芯升温。鼓风机带动新鲜空气流过加热器芯,因此加热器芯出来的空气是热空气,如图 3-2 所示。

四、通风系统的结构与工作原理

通风系统包括新鲜空气进口段、空气混合段、空气分配段三部分(图 3-3),各部分的构成如下:

1) 新鲜空气进口段包括风门叶片、伺服电动机,控制新鲜空气和室内再循环空气。
2) 空气混合段包括加热器芯、蒸发器,提供所需温度的空气。
3) 空气分配段包括各个出风口,使风吹向不同位置(面、脚、玻璃等)。

以暖风为例，制冷系统关闭，暖气打开，此时非常冷的空气经过蒸发器，蒸发器不工作，新鲜空气通过加热器加热，然后按照设置的送风模式将暖风送至相应的出风口。

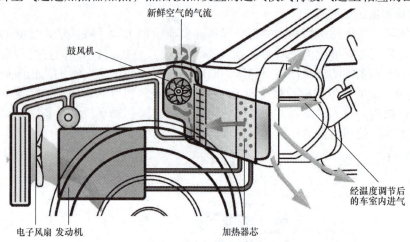

图 3-2 暖风系统的结构与工作原理示意图

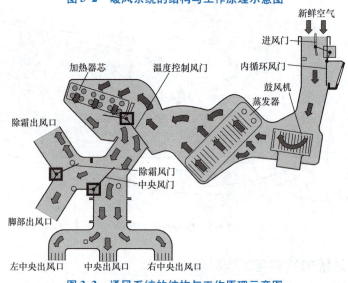

图 3-3 通风系统的结构与工作原理示意图

> 🔧 **实际操作**

一、汽车空调制冷性能的检查

汽车空调制冷性能的检查方法基本一致，下面以雅阁轿车为例介绍其检查方法。

1）起动发动机，并在其预热后使其以 1500r/min 的恒定速度运转。

2）如图 3-4 所示，打开 A/C 开关。

3）如图 3-5 所示，将鼓风机转速设置为风量最大（MAX HI），并把温度控制开关设定在最冷（COOL）位置，关上所有门窗。

4）如图 3-6 所示，让空调处于内循环状态，直至空调输出温度趋于稳定。
5）如图 3-7 所示，使用温度计测量送风温度，一般在 5℃ 左右为正常。

图 3-4　打开 A/C 开关

图 3-5　设置为风量最大

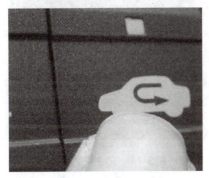

图 3-6　内循环状态

图 3-7　测试空调制冷性能

二、空调滤清器的更换

1）打开储物盒，如图 3-8 所示。
2）一只手扶着储物盒，另一只手轻松拨开两边的定位销，如图 3-9 所示。

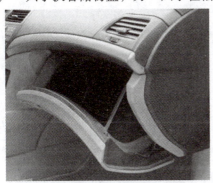

图 3-8　打开储物盒

图 3-9　拨开定位销

3）双手往中间挤压储物盒，轻松卸下储物盒，如图 3-10 所示。
4）用手指压住空调滤清器两边的卡扣，轻松取下空调滤清器，如图 3-11 所示。
5）将新的空调滤芯按照与拆卸相反的顺序装上，如图 3-12 所示。
6）如图 3-13 所示，将空调滤清器塞进安装槽内，然后安装好储物盒即可。

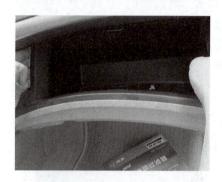

图 3-10　卸下储物盒

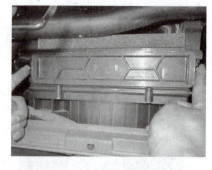

图 3-11　拆卸空调滤清器

图 3-12　组装新的空调滤芯

图 3-13　安装空调滤清器

三、空调系统除异味的方法

1) 首先拆出鼓风机，然后将鼓风机放置在通风处用高压风枪将粉尘及杂物吹干净，如图 3-14 所示。

2) 如图 3-15 所示，把空调清洗剂的管子插入鼓风机孔内，然后按下空调清洗剂阀门将清洗剂喷入空调空气分配管道内。

图 3-14　清洁鼓风机

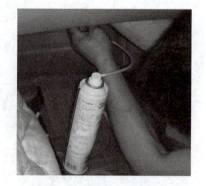

图 3-15　喷射空调清洗剂

3) 将空调清洗剂喷入蒸发器中静置 5～10min，然后用压缩空气吹干净溶解的污垢，如图 3-16 所示。

4) 如有必要则更换空调新滤芯并将鼓风机装回即可完成空调的清洗。如图 3-17 所示，开启空调，检查清洗后异味是否消除。

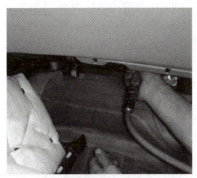
图 3-16 用压缩空气吹干净污垢

图 3-17 检查清洗后的效果

维修案例

1. 奔驰 S600 轿车空调出风量过小

【故障现象】

一辆 2010 年款奔驰 S600 轿车,车主反映该车开启空调系统之后,仪表板各出风口的风量都很小,空调制冷效果差。

【故障诊断与排除】

1)首先对空调系统进行全面检查,开启空调系统,操作空调控制面板的风量键,将风量设置到最大,仪表板各出风口的风量没有明显变化,但从鼓风机转速变化来看,鼓风机没有故障。

2)将空调滤清器拆下来检查,没有明显的堵塞现象。用高压空气吹净,装好后试车,出风效果没有好转。继续查找空调进风道,发现在鼓风机与蒸发器之间还装有一个长方形的纸质空气滤清器,而且上面布满了厚厚的灰尘。

3)将其更换后试车,空调出风量恢复正常,空调制冷效果也恢复正常,故障排除。

2. 雅阁轿车空调出风量过小

【故障现象】

一辆 2010 年款雅阁 2.4L 轿车,车主反映该车空调出风量过小。

【故障诊断与排除】

1)首先对空调系统进行全面检查,开启空调系统,操作空调控制面板的风量键,将风量设置到最大,但风量依然过小。

2)使用故障诊断仪进行检查,无任何故障码。

3)首先更换空调滤清器并将鼓风机清洁干净后检查,故障依旧。

4)对各个空调模式电动机做元件诊断测试,均为正常。

5)拆开鼓风机进行全面检查,发现右边模式电动机的活动支架没有完全固定在电动机位置上,从而使模式电动机在打开或关闭时,没有完全打开或关闭风板导致风量不流通。

6）重新固定活动支架后，故障排除。

3. 捷达轿车空调开暖风时有异味

【故障现象】

一辆 2012 年款捷达 1.6L 轿车，车主反映该车空调开暖风时有异味。

【故障诊断与排除】

1）开暖风时，空调暖风系统将内循环风板关闭，打开外循环风板；外界冷空气通过暖风小散热器加热后，被送入车室中；因暖风是从外循环风板进入，应先检测外部循环风板系统。

2）该车外部循环风板的下面装有一个空调滤清器，检查时发现空调滤清器已经非常脏污，从而造成出风量小且有异味的现象。

3）更换空调滤清器，安装好后进行试车，故障排除。

你学会了吗?

1. 汽车空调的作用是什么？
2. 汽车空调制冷系统的结构与工作原理是怎样的？
3. 汽车空调的制冷性能如何检查？
4. 如何更换空调滤清器？
5. 空调系统如何除异味？

第 28 天　汽车空调系统泄漏检查

学习目标

1. 掌握汽车空调系统泄漏的检查方法。
2. 掌握汽车空调系统泄漏检查操作的过程。

汽车空调系统泄漏的检查方法主要有目测检漏法、肥皂水检漏法、加压浸水检漏法、气体差压检漏法、电子检漏法、荧光检漏法等。

（1）目测检漏法　目测检漏法就是对制冷系统的管路、插接器及零部件进行全面观察，查找系统某处是否出现有油迹（图 3-18）、管路是否出现破裂以及磨损的情况。

（2）肥皂水检漏法　肥皂水检漏法就是用肥皂水涂或喷在空调管路、制冷系统零部件（如冷凝器、压缩机表面等）的检测部位（图 3-19），若冒泡则说明该部位有泄漏，应检修或更换。

（3）加压浸水检漏法　加压浸水检漏法将要检漏的部件（如高、低压管，蒸发器，

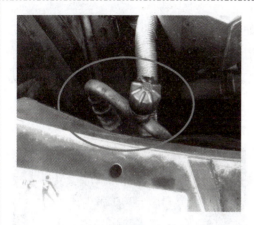
图3-18 泄漏的油迹
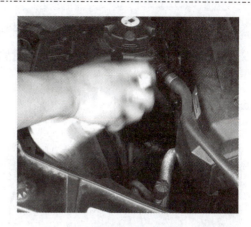
图3-19 喷肥皂水

冷凝器,压缩机等)拆下,然后堵住一个端口,另一端口接到高压气源上,压力大约为600kPa。将检测部件放入清水中,仔细观察部件表面有无气泡冒出,若有气泡冒出则说明泄漏。

(4)气体差压检漏法 气体差压检漏法将空调歧管压力表连接至空调管路和氮气机接头上,给系统加压。观察高-低压侧指针的偏转幅度,如果比较大,则说明系统有泄漏,应进行泄漏的检查。

(5)电子检漏法 电子检漏法就是用探嘴对着空调系统可能渗漏的地方移动,当电子检漏仪发出警报时,即表明此处有泄漏。电子检漏仪的检测原理如图3-20所示。

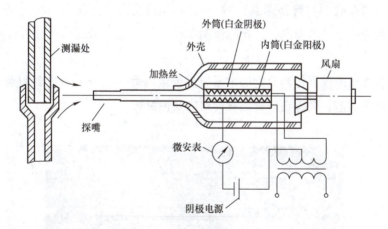
图3-20 电子检漏仪的检测原理

(6)荧光检漏法 荧光检漏法就是将荧光剂按一定比例加入系统中,系统运行20min后戴上专用眼镜,然后用检漏灯照射制冷系统的外部,如果呈明亮的黄色荧光,则表明该处出现泄漏。

> **实际操作**

以宝马轿车为例,气体差压检漏法的操作如下:

1)将空调歧管压力表连接至空调管路和高压泵接头,如图 3-21 所示。

2)起动高压泵给空调系统加压,同时要观察空调歧管压力表(图 3-22),避免压力过高导致制冷管路爆裂。

高压泵接头　真空泵接头

图 3-21　连接高压泵

图 3-22　空调系统加压压力

3)如图 3-23 所示,当空调系统充入 2500kPa 高压气体(**注意:压力越高越容易找到泄漏,但容易造成空调管路爆裂**)时,保持 1h 观察高 - 低压表指针的偏转幅度。如果比较大,则说明系统有泄漏,应排除泄漏部位;如果高 - 低压表的指针没有变化,则系统正常。

注意:气体压差简易检漏只能确定系统是否泄漏而不能准确地找到漏点,并且在进行气体压差检查之前,要保证歧管连接管路密封性良好。

图 3-23　气体差压检漏

你学会了吗?

1. 汽车空调系统泄漏的检查方法有哪些?
2. 汽车空调系统泄漏的检查操作过程是怎样的?

第29天　汽车空调系统抽真空

1. 了解汽车空调系统抽真空的作用。
2. 掌握汽车空调系统抽真空的方法。
3. 掌握汽车空调系统抽真空的操作过程。

一、汽车空调系统抽真空的作用

汽车空调系统抽真空就是将空调系统里的湿气和空气抽出,因为系统中如果残留空气或水分,不但会影响制冷效果,严重时还会造成冰堵的故障。

二、汽车空调系统抽真空的方法

1）将空调歧管压力表的高（红色）、低（蓝色）压软管分别接在高、低压软管快速接头上,然后对应地接到空调系统高、低压阀上,如图3-24所示。

2）将中间软管（黄色）与真空泵相连接,打开空调歧管压力表上的高、低压手动阀,起动真空泵（图3-25）,观察低压表的指针,应该有真空显示。

3）连续抽5min后,低压表应达到300kPa（真空度）,高压表略低于零,如果高压表不能低于0刻度,则表明空调系统内有堵塞,应停止,修复后,再抽真空。

4）真空泵工作15min后,低压表指针应在10～20kPa之间。如果达不到此数值,则应关闭高、低压手动阀,观察低压表的指针。如果指针上升,说明真空有损失,则空调系统可能有泄漏,应将泄漏处修复后才能继续抽真空。

5）当空调系统压力接近于真空时,关闭高、低压手动阀,保压5～10min。如果高、低压表指针不动,则打开高、低压手动阀并开启真空泵,继续抽真空,抽真空的时间不得少于30min,若时间允许,可再长些。

6）抽真空结束时,先关闭高、低压手动阀,再关闭真空泵,其目的是防止空气进入空调系统。

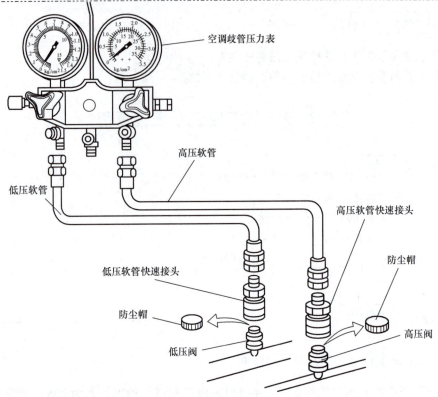

图 3-24　连接空调歧管压力表示意图

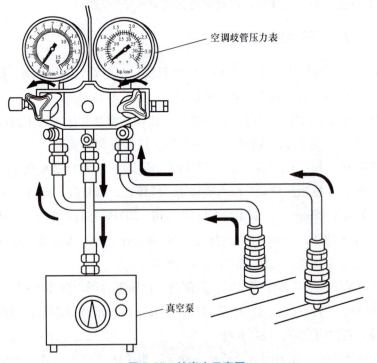

图 3-25　抽真空示意图

 **实际操作**

以宝马轿车为例,汽车空调系统抽真空的操作过程如下:

1) 如图3-26所示,将空调歧管压力表上的红、蓝软管分别接到空调管路高压、低压阀上,然后将黄色软管接到真空泵吸气口上。

2) 打开空调歧管压力表高、低压手动阀。

注意:逆时针旋转手动阀门,则开通阀门控制管路;反之,则关闭阀门控制管路。

3) 起动真空泵,此时真空泵高速运转,开始抽出空调循环管路内的空气并排到大气中。

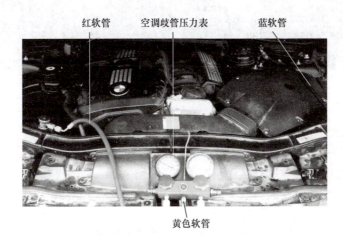

图3-26 连接空调歧管压力表

4) 如图3-27所示,观察低压表显示的真空值变化情况,空调循环管路内的真空值应不低于-100kPa,空调循环管路内的真空值应符合规定要求。若真空值低于规定值,则循环管路内残留空气中的水分,在空调系统工作时会因结冰而堵塞制冷管路,并且还会造成空调管路产生锈蚀。

5) 抽完真空后关闭高、低压手动阀,并关闭真空泵电源开关,真空泵停止运转。

6) 如图3-28所示,使空调系统在静止状态维持5~10min,查看指针的读数是否上升,如果稳定不变,则说明空调系统密封性良好,完成抽真空操作。一般情况下,10min内指针的上升值要小于3kPa,否则说明空调系统有泄漏处,应修复后再抽真空。

图3-27 抽真空过程

图 3-28　空调系统密封性检查

 你学会了吗?

1. 汽车空调系统抽真空有什么作用?
2. 汽车空调系统抽真空的方法是怎样的?

第 30 天　制冷剂的加注与补充

 学习目标

1. 了解制冷剂的加注量。
2. 掌握制冷剂加注与补充的方法。
3. 掌握制冷剂加注与补充的操作过程。

 基础知识

一、制冷剂的加注量

制冷剂的加注量会根据车型不同而有所差异,可以通过汽车保养手册查到,也可以通过发动机舱空调加注量铭牌查到,如图 3-29 所示。

二、制冷剂加注与补充的方法

在制冷系统抽真空达到要求,并确定制冷系统不存在泄漏后,即可向制冷系统加注制冷剂,其方法有两种。

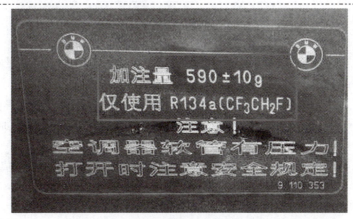

图 3-29 宝马制冷剂的加注量

第一种是高压端加注法,充入的是制冷剂液体,适用于制冷系统的第一次加注,即向经检漏、抽真空后的制冷系统加注。但用该方法时必须注意,不可开启空调系统(压缩机停转)。

第二种是低压端加注法,充入的是制冷剂气体,其特点是加注速度慢,不仅适用于制冷系统的第一次加注,也可在制冷系统补充制冷剂的情况下使用,用该方法时可开启空调系统。

(1)高压端加注法(图 3-30)

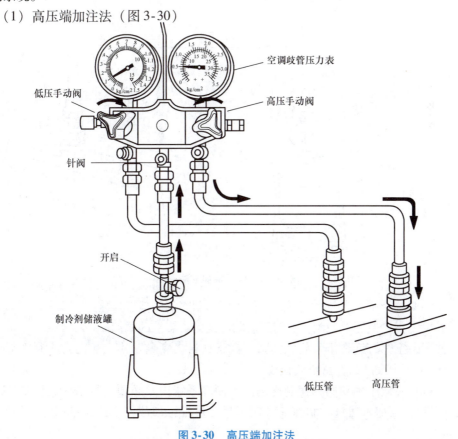

图 3-30 高压端加注法

1）将空调歧管压力表与空调系统高低压阀、制冷剂储液罐连接好。
2）先关闭高、低压手动阀，然后开启制冷剂储液罐上的阀门。
3）使用一字螺钉旋具压下放气针阀，直至听到"嘶嘶"声，目的是将制冷剂储液罐至空调歧管压力表间的存留空气释放。
4）缓慢打开高压手动阀，使制冷剂注入制冷系统内，必须用电子秤称量制冷剂储液罐的质量以保证加入适量的制冷剂（使用规定量进行加注，不要过量加注），否则将损坏压缩机。
5）当添加到规定质量时，迅速关闭制冷剂储液罐阀门，并关闭高压手动阀，加注结束。

（2）低压端加注法（图3-31）

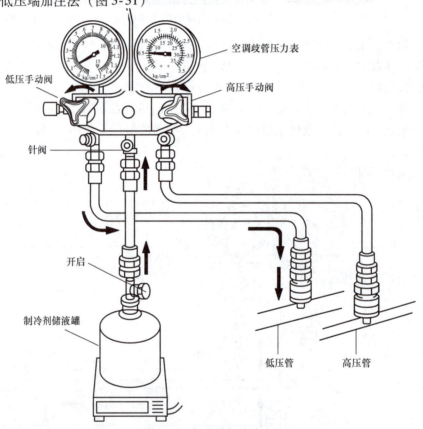

图3-31　低压端加注法

1）将空调歧管压力表与空调系统高低压阀、制冷剂储液罐连接好。
2）先关闭高、低压手动阀，然后开启制冷剂储液罐上的阀门。
3）使用一字螺钉旋具压下放气针阀，直至听到"嘶嘶"声，目的是将制冷剂储液罐至空调歧管压力表间的存留空气释放。
4）缓慢打开低压手动阀，使制冷剂注入制冷系统内，必须用电子秤称量制冷剂储液罐的质量以保证加入适量的制冷剂（使用规定量进行加注，不要过量加注），否则将损坏压缩机。

5)起动发动机并将其转速调整在1250~1500r/min,接通空调(A/C)开关,将鼓风机开关和温度控制开关开至最大。

6)当添加到规定质量时,迅速关闭制冷剂储液罐阀门,并关闭低压手动阀,加注结束。

实际操作

以宝马轿车为例,制冷剂加注与补充的操作方法如下:

1)关闭高、低压手阀门,从真空泵接头上取下黄色软管连接到制冷剂储液罐上,然后用电子秤称量制冷剂储液罐的质量(图3-32)并记录(如加注前质量为11.120kg)。

2)开启制冷剂储液罐上的阀门,用手压下放气针阀(图3-33),直至听到"嘶嘶"声,目的是将制冷剂储液罐至空调歧管压力表间黄色软管内存留的空气释放。

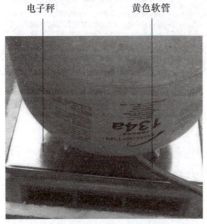

图3-32 称量制冷剂储液罐的质量

图3-33 压下放气针阀排气

3)如图3-34所示,缓慢打开空调歧管压力表高压手动阀,使制冷剂进入空调系统高压管路中。

4)当空调系统的压力值达到400kPa左右时,关闭空调歧管压力表高压手动阀,如图3-35所示。

图3-34 打开高压手动阀

图3-35 关闭高压手动阀

5）起动发动机并将其转速调整到1250~1500r/min，接通空调（A/C）开关，将鼓风机开关和温度控制开关开至最大。打开空调歧管压力表低压手动阀，如图3-36所示。

6）让制冷剂继续进入制冷系统，直至充注量达到规定值600g（车型不同加注量有所差异，如11.120kg − 10.523kg = 0.6kg），如图3-37所示。

图3-36 打开低压手动阀

图3-37 加注制冷剂后的质量

7）关闭低压手动阀，观察空调系统高、低压表压力数值，如图3-38所示。

8）最后关闭空调系统，分别取下空调歧管压力表连接软管。将防尘帽旋入高、低压管路的阀门上，加注完成。

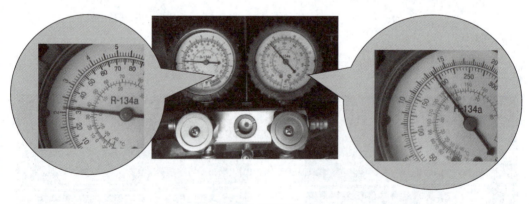

图3-38 空调系统压力

1. 捷达轿车空调制冷效果差

【故障现象】

一辆 2013 年款捷达 1.6L 轿车，车主反映该车空调制冷效果差。

【故障诊断与排除】

1）首先对空调系统进行全面检查，鼓风机正常，出风口风量适中，冷凝器、蒸发器、压缩机工作均良好。

2）打开空调，测量风口温度为 18℃，触摸低压管路，温度很低，严重结霜。

3）连接歧管压力表进行测试，低压为 250kPa，高压为 1510kPa。将发动机转速提高到 2000r/min 时，低压管路结霜更加严重，甚至短时结冻。根据经验，出现此种不良现象，一般是制冷剂过量。

4）放掉过量的制冷剂后，进行试车，故障排除。

2. 宝马轿车空调间歇性制冷

【故障现象】

一辆 2016 年款宝马 X6 轿车，车主反映该车开空调间时空调间歇性制冷。

【故障诊断与排除】

1）首先读取故障码，显示制冷剂压力传感器的故障码，初步认为制冷剂压力传感器损坏。

2）将空调系统内的制冷剂排放干净，然后更换制冷剂压力传感器。

3）进行抽真空并添加制冷剂，确保低压压力为 200~250kPa，高压压力为 1200~1500kPa。

4）起动发动机，打开空调，制冷效果明显增强。清除空调系统故障码，再次读取故障码，无故障码显示。读取数据流，各项参数符合要求，同时测量空调出风口温度为 2.6℃，车内温度为 16℃，故障彻底排除。

3. 凯美瑞轿车制冷效果变差

【故障现象】

一辆 2012 年款凯美瑞 2.5L 轿车，车主反映该车空调制冷效果变差。

【故障诊断与排除】

1）首先起动车辆，打开空调 A/C 开关制冷，但空调工作 10min 后制冷效果变差。用温度计测量出风口的温度，到 22℃ 就不会下降了，说明空调制冷不正常。

2）读取故障码，没有任何故障显示。

3）用歧管压力表对空调的高压管路压力和低压管路压力进行测量，高压侧为 1500~1900kPa，低压侧为 200~250kPa，均为正常压力，检查管路也没有泄漏。

4）通过询问车主了解到，该车在其他修理厂修过空调并添加了制冷剂，初步判断为加入的制冷剂纯度不够。

5）重新排放制冷剂并使用空调系统免拆清洗机将空调管路清洗干净，然后按照要求添加 R134a 制冷剂后空调制冷正常，故障排除。

你学会了吗?

1. 制冷剂的加注量能从哪里查到?
2. 高压端加注法是怎样的?
3. 低压端加注法是怎样的?

第 31 天　冷冻机油的加注

学习目标

1. 掌握冷冻机油的检查方法。
2. 掌握冷冻机油的加注方法。

基础知识

一、冷冻机油的检查方法

1. 观察压缩机视液镜

通过压缩机上安装的视液镜玻璃,可观察压缩机油量。如压缩机冷冻机油液面达到视液镜高度的 80% 位置,一般认为是合适的。如果液面在此界限之上,则应排出多余的冷冻机油;如果液面在这界限之下,则应添加冷冻机油。

2. 观察量油尺

未装视液镜玻璃的压缩机,可用量油尺检查其油量。这种压缩机有的只有一个油塞,油塞下面有的装有油尺,有的没有油尺,需另外用专用油尺插入检查,观察液面的位置是否在规定的上、下限之间。

3. 观察空调系统视液镜

如图 3-39 所示,当视液镜出现泡沫且很混浊,说明制冷剂系统中加入冷冻机油过多,应排出多余的冷冻机油。

二、冷冻机油的加注方法

(1) 直接加入法　将冷冻机油按标准称量,然后直接加入更换的冷凝器(图 3-40)、蒸发器和储液干燥器中。

当从压缩机直接加注时,应先进行回油操作,即在怠速时开启空调系统,控制空调系统处于最冷和风量最大下工作 20 ~

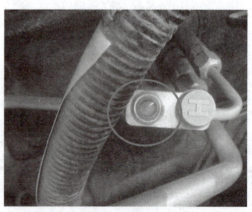

图 3-39　视液镜出现泡沫且很混浊

30min，使冷冻机油返回压缩机，然后熄火，将制冷剂放掉，从汽车上拆下压缩机，倒掉旧冷冻机油，直接加注或补充新冷冻机油，添加的时候要适量，否则易造成制冷系统的其他不良故障。

图 3-40　更换冷凝器加注冷冻机油

（2）真空吸入法　首先将空调系统抽真空，然后用带有刻度的适合量杯盛装冷冻机油，最后通过空调歧管压力表的软管吸到空调系统中。

实际操作

以宝马轿车为例，加注冷冻机油的操作方法如下：
1）首先对空调系统进行抽真空。
2）关闭低压手动阀。
3）拆下与空调歧管压力表连接的蓝色软管，然后把蓝色软管插入量杯（或冷冻机油瓶）中吸取冷冻机油，如图 3-41 所示。当冷冻机油达到规定加注量时，将蓝色软管装回空调歧管压力表（图 3-42）并打开低压手动阀继续抽真空，抽完真空即可添加制冷剂。

图 3-41　加注冷冻机油

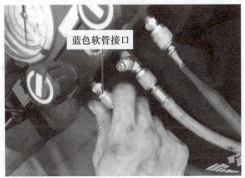

图 3-42　将蓝色软管装回空调歧管压力表

你学会了吗？

1. 冷冻机油的检查方法是什么？
2. 如何加注冷冻机油？

第四章

汽车电器养护必知必会

第 32 天　蓄电池的养护

学习目标

1. 了解蓄电池的作用。
2. 了解蓄电池的类型及特点。
3. 掌握蓄电池的更换周期。
4. 掌握蓄电池的检查方法。
5. 掌握蓄电池的护理及更换方法。

基础知识

一、蓄电池的作用

蓄电池的主要作用是向起动机和汽车用电器提供12V或24V的直流稳压电源,它的具体工作如下:

1) 汽车起动时向起动机提供瞬间大电流,确保发动机能够正常起动。

2) 发动机正常工作以后,蓄电池的主要作用是持续为点火线圈、音响等用电设备供电,同时发电机里发出来的电再给蓄电池补充电,从而保证了蓄电池在使用过程中不亏电。

二、蓄电池的类型及特点

目前轿车上使用的蓄电池主要有干荷蓄电池和免维护蓄电池两种。

(1) 干荷蓄电池(图4-1)　全称是干式荷电铅酸蓄电池,它的主要特点是负极板有较高的储电能力,在完全干燥状态下,能在2年内保存所得到的电量,使用时,只需加入电解液,浸泡20~30min后即可使用。此外,在使用过程中可以补充电解液。

(2) 免维护蓄电池（图4-2） 由于自身结构上的优势，电解液的消耗量非常小，在使用寿命内基本不需要补充蒸馏水。它还具有耐振、耐高温、体积小、自放电小的特点。

图4-1 干荷蓄电池

图4-2 免维护蓄电池

三、蓄电池的更换周期

蓄电池一般3年左右更换一次。在使用中，如果加强养护则会延长它的使用寿命。不同汽车厂商所规定的更换周期不完全相同，具体更换周期以保养手册要求为准。

四、蓄电池的检查方法

(1) 目视检测法

1) 对于免维护蓄电池，观察蓄电池指示器判断蓄电池的状态，如图4-3所示。如果指示器里的颜色呈绿色，则说明蓄电池情况良好；如果呈黑色，则说明蓄电池电量不足；倘若已经变成无色透明或浅黄色，则表示蓄电池接近报废，需要及时更换。

2) 对于非免维护蓄电池，蓄电池旁边标有液面上下限标记，当蓄电池电解液液面保持在上限与下限之间时为合格。若蓄电池电解液液面偏低，则应添加电解液；若电解液液面过高，则应该用密度计吸出，否则电解液容易外溢，腐蚀极桩和连接件，易造成短路等故障。

(2) 车下检测 如图4-4所示，用蓄电池负载测试仪检查蓄电池电压，然后静放几个小时后再重新检查。如果电压有显著降低，便可确定蓄电池存在自放电故障，俗称"跑电"，需要更换蓄电池。

(3) 就车检测 将蓄电池测试仪两支表笔分别接在蓄电池的正、负极上，然后测试蓄电池的状态，最后打印出测试结果，如图4-5所示。对于12V蓄电池，如果电压接近12V则表明蓄电池正常，否则对蓄电池进行充电或更换。

图 4-3 蓄电池指示器

图 4-4 蓄电池负载测试

图 4-5 用蓄电池测试仪测试蓄电池

🔧 实际操作

一、蓄电池的护理

1）拆下蓄电池护板，如图 4-6 所示。

2）如图 4-7 所示，用毛刷将蓄电池表面的灰尘清洁干净。此外，如果接线柱氧化物过多也要清洁干净，然后抹上凡士林。

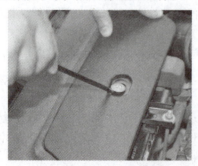

图 4-6 拆下蓄电池护板

图 4-7 清洁蓄电池表面的灰尘

3)如果电解液不足则应拆下蓄电池孔盖（图4-8），然后补充电解液。

4)如图4-9所示，分别将电解液注入蓄电池各单格内，直到达到规定位置为止。最后将蓄电池孔盖及蓄电池护板安装好即可。

图4-8　拆下蓄电池孔盖

图4-9　加注电解液

二、蓄电池的更换过程

1)首先拆卸蓄电池的负极电缆。**注意：避免汽车音响锁止。**

2)拆卸蓄电池的正极电缆。

3)为了便于拆装蓄电池，将发动机舱护板拆下，如图4-10所示。然后拆掉旧蓄电池固定支架或底部的固定螺栓，最后搬下旧蓄电池。

4)换上新的蓄电池到正确的安装位置，如图4-11所示。

5)固定好蓄电池支架（底部有固定螺栓的则要拧紧螺栓）。

6)先装蓄电池正极电缆，盖好正极绝缘胶套，如图4-12所示。

7)安装蓄电池负极电缆，如图4-13所示。装好蓄电池两极后用手转动一下蓄电池接头，检查是否固定牢固，千万不可以有松动（通常在换完蓄电池后会给蓄电池的两极桩涂抹凡士林，以防氧化生锈影响导电性，并便于以后拆卸）。

8)起动发动机，检查仪表指示灯及起动性能是否有异常，如有异常必须进行排除。一切正常后，安装好发动机舱护板及蓄电池护板。

图4-10　拆卸发动机舱护板

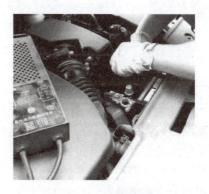
图4-11　安装新蓄电池

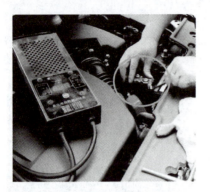
图 4-12 安装蓄电池正极电缆

图 4-13 安装蓄电池负极电缆

 维修案例

1. 速腾轿车发动机起动困难

【故障现象】

一辆 2014 年款一汽大众速腾 1.6L 轿车,车主反映该车熄火后起动困难。

【故障诊断与排除】

1) 首先,使用万用表检查蓄电池电压,电压值为 11.4V,说明蓄电池电量不足。

2) 起动发动机后测量发电机电压在 14.5V 以上,说明发电机正常。

3) 检查蓄电池,发现蓄电池附近有泄漏电解液的异常情况。

4) 重新更换蓄电池,然后起动发动机,故障排除。

2. 速腾轿车蓄电池搭铁导致发动机无法起动

【故障现象】

一辆 2012 年款一汽大众速腾 1.8TSI 轿车,车主反映该车熄火后发动机无法起动。

【故障诊断与排除】

1) 使用故障诊断仪 VAS5052 检查发动机控制单元,无故障码显示。

2) 使用万用表检查蓄电池电压,电压值为 12.5V,说明蓄电池电量正常。

3) 当起动几次后,发现蓄电池负极接线柱出现过热的异常情况,说明蓄电池搭铁线导电能力变差。

4) 检查蓄电池正负极,发现负极接线柱上的搭铁线紧固螺栓松动。

5) 重新紧固并清理负极接线搭铁点,然后起动发动机,发动机正常起动,故障排除。

 你学会了吗?

1. 蓄电池的作用是什么?
2. 蓄电池的类型及特点是什么?
3. 蓄电池的更换周期是多长?
4. 如何检查蓄电池?
5. 蓄电池如何护理?
6. 怎样更换蓄电池?

第33天 发电机的养护

学习目标

1. 了解发电机的作用。
2. 了解发电机的工作原理。
3. 掌握发电机的养护周期。
4. 掌握发电机的检查与保养。

基础知识

一、发电机的作用

发电机是汽车的主要电源,其作用是在发动机正常运转时(怠速以上),向所有用电设备(起动机除外)供电,同时向蓄电池充电。

二、发电机的工作原理

发电机利用电磁感应原理,将发动机带动发电机轴转动的机械能转变为电能输出。即利用产生磁场的转子旋转,使穿过定子绕组的磁通量发生变化,在定子绕组内产生交流电。定子三相绕组和6只二极管组成的三相桥式整流电路,将交流电整流为直流电稳压输出。即利用二极管加上正向电压时二极管导通,二极管加上反向电压时二极管截止的二极管单向导通性原理构成整流电路。发电机的工作原理如图4-14所示。

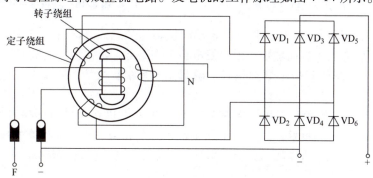

图4-14 发电机的工作原理

三、发电机的养护周期

当汽车行驶30000km以后,应对发电机进行拆解养护,具体应以保养手册规定为准。主要内容包括检查电刷(电刷高度不应低于原来的1/2,电刷弹簧状态良好)和集电环的接触情况,清洗或更换轴承并添加润滑脂。

> **实际操作**

一、发电机的检查

1)如图 4-15 所示,检查发电机传动带状态和自动张紧轮的工作状态,如有异常,则应更换新件。

2)检查发电机、蓄电池及调节器间导线连接处的螺栓是否紧固以及连接线有无破皮、断线的现象。当发现连接线有破皮、断线或烧蚀现象时,必须及时更换。

3)确保发电机的电压调节器正常,保证发电机电压符合规定要求。

4)将万用表旋钮旋至直流电压30V档(或用一般的直流电压表适当档),把红表笔接发电机"电枢"接线柱或蓄电池正极,黑表笔接发电机外壳或蓄电池负极(图4-16),让发动机运转在中速以上,12V电气系统的电压标准值应在14V左右,24V电气系统的电压标准值应在28V左右。若测得的电压为蓄电池电压,则表明发电机不发电。

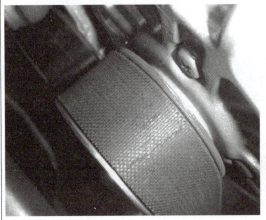 

图 4-15 检查发电机传动带　　　　　　**图 4-16 检查发电机电量**

5)起动发动机后,打开前照灯,让发动机转速从怠速逐渐提高到中等转速,前照灯的亮度若随转速的提高而增加,说明发电机工作正常,否则为发电机不发电。

6)当充电系统故障指示灯点亮时,说明充电系统有故障,应检查发电机及其控制线路是否有故障。

7)在发动机运转状态下用一字螺钉旋具检查发电机转子轴有无磁性,如有磁性,则说明发电机励磁电路良好,发电机工作正常。如没有磁性,则应检查发电机励磁电路有无输入电压,如无输入电压,则检查电压调节器及励磁绕组有无损坏等,必要时应拆检发电机。

二、发电机的保养

以马自达6轿车的发电机为例,发电机的保养过程如下:

1)首先从发动机上拆下发电机,如图4-17所示。

2)拆下发电机带轮,如图4-18所示。

3)拆下前端盖连接螺栓,分解前端盖、转子、后端盖,如图4-19所示。

① 检查定子线圈是否有损坏,如果正常,则将灰尘清洁干净。

② 检查电刷的磨损程度，如果电刷磨损到极限则必须更换。检查电刷能否平滑运转，若不顺畅，则检查电刷支架并进行清洁。

图 4-17　拆下发电机

图 4-18　拆下发电机带轮

图 4-19　分解发电机

③ 检查转子集电环的磨损情况，若磨损严重，则必须更换转子。

④ 检查后端盖上的整流二极管是否正常，若不正常，则更换整流二极管。

4）清洁干净发电机转子，如有必要，则更换后端盖轴承，如图 4-20 所示。

5）如图 4-21 所示，检查发电机前端盖轴承，如果损坏，则更换轴承。

图 4-20　更换后端盖轴承

图 4-21　检查前端盖轴承

6）在轴承内添加润滑脂，然后组装好发电机，如图4-22所示。

图4-22　组装好发电机

 维修案例

1. 马自达3轿车充电指示灯间歇性闪亮

【故障现象】

一辆2011年款马自达3 2.0L轿车，车主反映该车行驶过程中充电指示灯间歇性闪亮。

【故障诊断与排除】

1）检查蓄电池电压，发现电压只有11.8V，说明蓄电池电量不足。于是用蓄电池负载测试仪进行测试，蓄电池良好。

2）起动发动机，然后使用万用表进行测量，发电机电压只有12.65V（标准值为13.5V以上），说明发电机故障。

3）拆开发电机，取出电刷架，检查发现电刷还有很长（图4-23），没有到磨损极限的位置，但电刷运转不灵活。

图4-23　检查电刷

4）清洁干净发电机并更换发电机电刷架。

5）装复后试车并测量，发电机的电压达到14.2V，充电正常，故障排除。

2. 奥迪A3轿车发电机发电量不足

【故障现象】

一辆2012年款奥迪A3 1.8T轿车，车主反映该车发电机发电量不足。

【故障诊断与排除】

1）使用故障诊断仪读取故障码，显示发动机负荷信号故障。

2）发动机转速提高到 950r/min 左右，测量蓄电池电压为 12.35V。当转速提高到 2500r/min，发电机电压为 13.5V，初步判断发电机内部电压调压器损坏。更换新的电压调压器，然后检查，故障依旧。

3）该车具有车载电网负荷管理功能，它通过车载电网控制单元 J519 对蓄电池电压、DF 信号（发电机负荷），以及有关接通时间较短的高电流消耗元件进行控制，故障现象说明该故障与车载电网负荷管理功能有关。

4）根据以往的维修经验，一般车载电网控制单元 J519 出现故障的可能性最大，检查发电机到 J519 的线束，发现插头松动。

5）重新将插头紧固，发电机正常发电，故障排除。

 你学会了吗?

1. 发电机的作用是什么？
2. 发电机的工作原理是怎样的？
3. 发电机的养护周期有多长？
4. 如何检查发电机？
5. 如何保养发电机？

第 34 天　起动机的养护

 学习目标

1. 了解起动机的作用及结构。
2. 了解起动机的养护周期。
3. 掌握起动机的检查与保养。

 基础知识

一、起动机的作用及结构

起动机的作用就是将蓄电池的电能转换为机械能，再通过传动机构将转矩传递给发动机使发动机顺利起动。起动机主要由直流电动机、单向传动机构、电磁开关等三大部分组成，如图 4-24 所示。

二、起动机的养护周期

当汽车行驶 30000km 以后，应对起动机进行拆解养护，具体应以保养手册规定为准。主要内容包括检查电刷（电刷高度不应低于原来的 1/2，电刷弹簧状态良好）和集电环的接触情况，检查单向离合器、电磁开关等，对传动部位添加润滑脂。

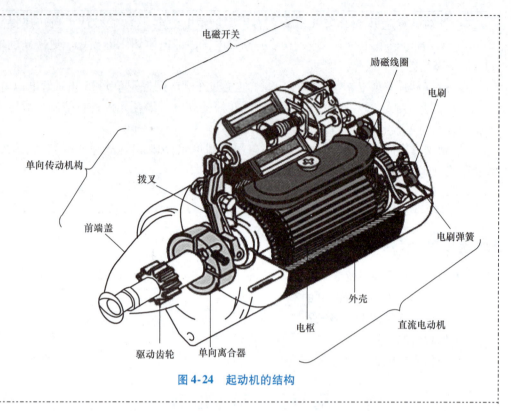

图 4-24 起动机的结构

 实际操作

一、起动机的检查

1)检查起动机各导线连接是否牢固。分解起动机后,应擦净各部件的油污,对花键、拨叉各支点也要加少量的润滑脂。

2)电刷与换向器的接触要紧密,电刷的磨损要均匀,接触面积要在75%以上,电刷高度应不低于新件的1/2,电刷弹簧的弹力应符合要求。

3)换向器应无烧蚀、无沟槽。如有烧蚀和失圆现象,则应用细砂纸打磨使之恢复正常。

4)检查起动机齿轮的磨损、减振弹簧的弹力、单向离合器工作是否正常以及轴承的磨损、润滑情况。

5)检查磁场、电枢线圈有无短路、断路、搭铁以及绝缘电刷的绝缘是否良好。

6)检查铜套与轴的磨损情况,如果配合间隙过大,则应进行修理。

7)检查驱动齿轮与止推垫圈之间的间隙是否适,起动机空转时运转是否正常。

二、起动机的保养

保养起动机的目的是延长起动机的使用寿命,主要内容包括清洁起动机零部件的脏污和在齿轮上涂抹润滑脂(俗称黄油),保养方法如下:

1）从汽车上拆下起动机。

2）如图4-25所示，分解起动机。

3）对零部件进行检查，如果发现异常则应进行更换。起动机电枢轴、定子线圈、电刷、单向离合器总成及电磁开关上的油污，最好用清洁的抹布或压缩机空气吹干净；其他起动机零部件可用汽油清洗后擦拭干净，如过脏不易洗掉，则可将零部件浸泡一段时间后再清洗干净。

4）如图4-26所示，在起动机的轴承及齿轮上涂抹润滑脂，增加起动机的润滑效果，可以有效预防起动机异响。

图4-25 分解起动机

5）将清洁干净的各零部件按照与拆卸相反的顺序装配好，如图4-27所示。

6）将保养好的起动机按照相反的顺序安装到汽车上，确保发动机能正常起动。

图4-26 涂抹润滑脂

图4-27 装配起动机

维修案例

1. 雅阁2.4L轿车起动机空转

【故障现象】

一辆2016年款雅阁2.4L轿车，车主反映该车起动机空转。

【故障诊断与排除】

1）由于起动机空转一般都是起动机内部故障，于是决定分解起动机进行检查，发现驱动齿轮有磨损现象。

2）进一步检测，发现驱动齿轮铜套与轴颈的配合间隙过大，致使起动机运转阻力增大时，单向离合器位置偏移，使两齿轮轴接合而脱开，出现起动机空转。

3）更换驱动齿轮，按规定装复后试车，故障彻底排除。

2. 雅阁轿车起动机运转无力

【故障现象】

一辆2012年款雅阁2.4L轿车，车主反映当点火开关转到起动档时，能听到"嗒嗒嗒……"的声音，但起动机运转无力，发动机很难起动。

【故障诊断与排除】

1）用万用表测试发现蓄电池技术状况良好，且起动机电源线、搭铁线及发动机与车架间的搭铁线均无松动、氧化腐蚀、绝缘不良等情况。

2）用锤子轻轻敲击起动机，此时发动机能够正常起动，说明起动机内的电刷接触不良或磨损到了极限位置。

3）分解起动机进行检查，齿轮正常，电磁开关也正常，但是电刷已经磨损到极限位置，如图4-28所示。

图4-28　起动机电刷磨损

4）更换起动机电刷架总成，然后进行试车，故障排除。

你学会了吗?

1. 起动机的作用及结构是什么?
2. 起动机的养护周期是多长?
3. 怎样进行起动机的检查与保养?

第35天　车灯的养护

学习目标

1. 了解车灯的作用。
2. 了解车灯的布置。
3. 掌握前照灯的检查与调整方法。

一、车灯的作用

车灯是汽车照明用的工具,它能在夜间或能见度低的情况下,向驾驶人提供照明,在汽车安全行驶的过程中起到了重要的作用。

二、车灯的布置

以马自达轿车为例介绍车灯的布置,如图4-29所示。

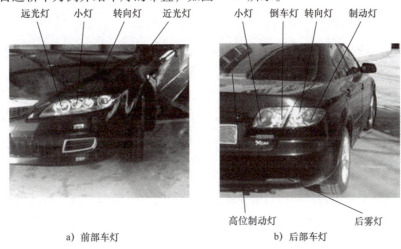

a) 前部车灯　　　　　　　b) 后部车灯

图 4-29　车灯的布置

(1) 前照灯　前照灯包括远光灯和近光灯。它安装在汽车头部的两侧,主要用于夜间行车道路照明,也可用于远近光的变换,在超车时告知前方车辆避让。

(2) 尾灯　尾灯也叫后组合灯,安装在汽车尾部,包括倒车灯和制动灯,用于警告后面的车辆需要保持一定的距离。

(3) 雾灯　雾灯分为前雾灯和后雾灯。前雾灯的安装位置比前照灯稍低,在雾天、雨雪天或尘埃弥漫的情况下,用来改善车前道路的照明;后雾灯位于汽车尾部,用来警示后车保持一定的安全距离,灯光为红色。

(4) 牌照灯　牌照灯一般装于汽车尾部的牌照上方,用于照亮汽车号牌。

(5) 室内灯　室内灯装于乘员座椅前部或顶部,用于车内照明。它不会使驾驶人产生眩目的感觉,照明范围小,有的还有光轴方向调节机构。

(6) 行李舱灯　行李舱灯安装在轿车或客车行李舱内,当开启行李舱盖时,自动照亮行李舱内部空间。

(7) 门控灯　门控灯装于轿车外张式车门内侧底部,当车门打开时,门控灯发亮,以告示后方行人、车辆注意避让。

(8) 仪表照明灯　仪表照明灯安装在仪表板上,用于在光线较暗时照亮仪表板。

(9) 示廓灯（小灯） 示廓灯安装在汽车前面、后面和侧面，夜间行车或停车时以标示车辆的宽度。

(10) 转向灯与危险警告灯 转向灯装于汽车头部、尾部及左右两侧，用来指示车辆行驶趋向。在紧急危险状态时，全部转向灯可通过危险警告灯开关接通，同时闪烁，灯光为黄色。

实际操作

一、车灯的检查

一名维修人员在车内检查室内灯，另一名维修人员在车下做手势，提醒驾驶室内维修人员操作前部和后部车灯开关进行检查，如果发现灯泡不亮或损坏，则应及时更换。

前部车灯的检查顺序：小灯→近光灯→远光灯→左转向灯→右转向灯→雾灯。

后部车灯的检查顺序：制动灯→倒车灯→危险警告灯→左转向灯→右转向灯→后雾灯→牌照灯及小灯。

二、前照灯的调整

以马自达轿车为例，当前照灯的光束不在规定的范围内时，需要对其进行调整，具体方法如下：

1）确保轮胎气压在标准范围内。

2）在水平地面上停好汽车，并使汽车处于无负荷状态。

3）把汽车调整至距离墙面 10m 左右，然后在前照灯调整屏幕上画出垂直线（垂直线穿过前照灯中心）和水平线（水平线穿过前照灯中心），如图 4-30 所示。

4）起动发动机并对蓄电池进行充电。

5）调整近光光束操作如下：

① 打开前照灯近光灯。

② 遮住未调节的前照灯灯光。

③ 利用垂直和水平调整螺钉调整近光光束，如图 4-31 所示。

6）调整远光光束，操作如下：

① 打开前照灯远光灯。

② 遮住未调节的前照灯灯光。

③ 利用垂直和水平调整螺钉调整远光光束，如图 4-32 所示。

三、前照灯灯泡的更换

1）拆下灯罩。

2）拆下前照灯灯泡，如图 4-33 所示。

3）按与拆卸相反的顺序安装新灯泡，如图 4-34 所示。

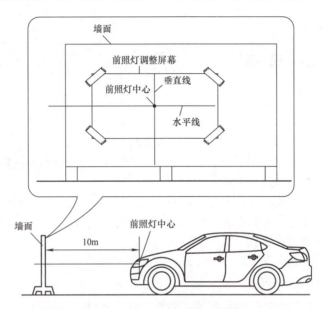

图 4-30　前照灯调整屏幕示意图

水平调整螺钉　　垂直调整螺钉

图 4-31　调整近光光束

水平调整螺钉　　垂直调整螺钉

图 4-32　调整远光光束

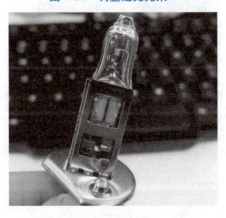

图 4-33　拆下前照灯灯泡

图 4-34　安装前照灯灯泡

维修案例

1. 全新迈腾轿车前照灯无远光

【故障现象】

一辆 2013 年款全新迈腾 1.8TSI 轿车,车主反映该车前照灯无远光。

【故障诊断与排除】

1) 首先用故障诊断仪 VAS6150 诊断,无故障码显示。

2) 查阅电路图可知,前照灯信号路线为:前照灯开关→转向柱控制单元(J527)→中央电器控制单元(J519)→前照灯总成。

3) 连接 VAS6150 进入中央电器控制单元(J519)做执行元件测试,此时远光灯点亮,从而确定从中央电器控制单元(J519)到前照灯总成线路正常,故障应在前照灯开关到中央电器控制单元(J519)之间。

4) 打开远光灯开关,连接 VAS6150,进入引导性功能测试,选择转向柱控制单元(J527),测量远光灯开关无远光输出信号。

5) 读取正常汽车前照灯开关变光时的输出信号,在打开远光灯开关时,数据发生变化,初步判断该车转向柱控制单元(J527)没有收到前照灯开关打开信号,由于远光灯开关和转向柱控制单元(J527)为一体,判断为转向柱开关总成故障。

6) 更换转向柱开关总成,然后按照规定程序对 G85 及 J500 进行基本设定,故障排除。

2. 全新迈腾轿车左后转向灯不亮

【故障现象】

一辆 2013 年款全新迈腾 1.8TSI 轿车,车主反映该车左后转向灯不亮。

【故障诊断与排除】

1) 用故障诊断仪 VAS6150 诊断,显示故障码 01501 "左后转向灯信号灯 - M6 - 对地短路,间歇式",从而判断为线路故障。

2) 如图 4-35 所示,查阅左后转向灯信号灯电路图,左后转向灯信号灯 M6 由 J519 的 T52c/51 端子经后尾灯插头 T4y/3 端子供电,经 T4y/1 端子搭铁。

3) 打开左转向灯开关,检查 T4y/3 端子,没有电压,如图 4-36 所示。

4) 如图 4-37 所示,测量 T52c/51 与 T4y/3 两端子之间的电阻,电阻值为 0.8Ω,说明线路没有断路。

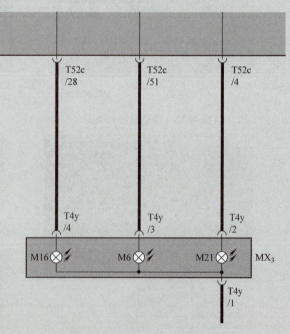

图 4-35 左后转向灯信号灯电路图

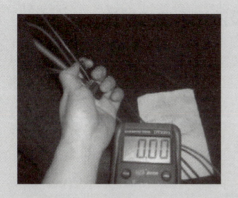
图 4-36 检查线路电压

图 4-37 测量线路电阻

5）检查 J519 上的 T52c/51 端子，发现该端子有接触不良的情况，重新处理后，故障排除。

3. 近光灯灯泡频繁烧坏

【故障现象】

一辆 2012 年款速腾 1.6L 轿车，车主反映该车出现右侧近光灯灯泡频繁烧坏的现象。

【故障诊断与排除】

1）首先检查近光灯熔丝，都是按照规定的额定容量进行安装的，没有任何故障。

2）起动发动机检查发电机电压，电压均在 13.5～14.5V 之间变化，符合要求。

3）由于都是右侧近光灯频繁烧坏，初步判断为右侧近光灯座接触不良引起。

4）拆下右侧近光灯发现灯座与灯泡之间出现接触不良的现象，如图 4-38 所示。

图 4-38 灯座与灯泡接触不良

5）更换新灯座后右侧近光灯恢复正常，故障排除。

你学会了吗?

1. 车灯的作用是什么？
2. 车灯是怎样布置的？
3. 如何检查车灯？
4. 如何调整前照灯？
5. 如何更换前照灯灯泡？

第 36 天　刮水器及洗涤系统的养护

学习目标

1. 了解刮水器的作用。
2. 了解刮水器的结构。
3. 掌握刮水器的保养及刮水片的更换方法。
4. 掌握洗涤器的检查方法。
5. 掌握喷嘴的调整方法。

基础知识

一、刮水器的作用

为了保证汽车在雨天和雪天的安全行驶，在汽车风窗玻璃上都装有电动刮水器，以清除玻璃上的雨水、积雪或灰尘，其目的是让驾驶人的视线不受影响。

二、刮水器的结构

刮水器主要由刮水器电动机（自动停位器）、刮水器连杆、刮水臂、刮水片等组成，如图 4-39 所示。

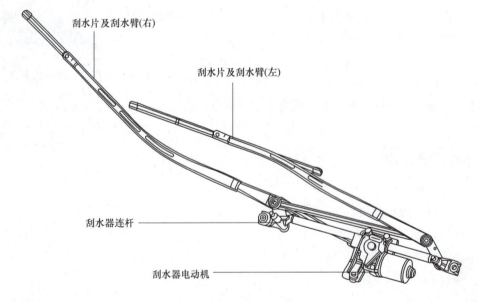

图 4-39　刮水器的结构

三、洗涤器的作用与结构

洗涤器的作用是向风窗玻璃喷水，配合刮水器清除风窗玻璃的污垢。洗涤器主要由洗涤泵、洗涤液储液罐、喷嘴、刮水/洗涤器拨杆开关及软管等组成，如图4-40所示。

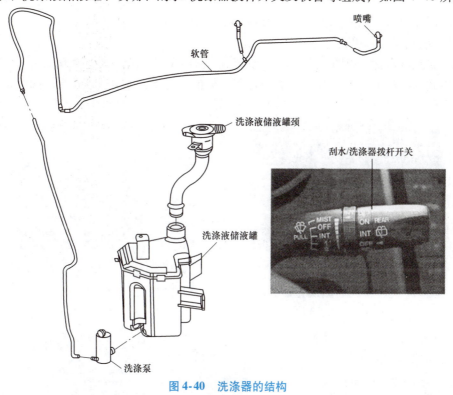

图4-40 洗涤器的结构

实际操作

一、刮水器的保养

1）检查刮水器刮水片时，除了注意其是否老化、磨损外，还要注意其与风窗玻璃贴合是否紧密，必要时连同刮水片和刮水臂一起更换。

2）检查润滑刮水器各铰接关节，避免出现卡死故障。向各运动铰接处滴注2~3滴机油或涂抹润滑脂，并再次打开刮水器开关使刮水器摆动，待机油或润滑脂浸到各工作面后，擦净多余的机油或润滑脂。

3）打开刮水器开关，刮水器应摆动正常。转换开关工作档位，刮水器电动机应以相应的转速工作，否则，应排除刮水器电动机故障。

4）若刮水时刮水片留有痕迹或振颤纹，从风窗玻璃上轻轻地抬起刮水臂，检查刮水臂的压力。若其弹力不足或者弹簧严重生锈，应更换刮水臂。

5）定期清洗刮水片，清洗时可用蘸有乙醇清洗剂的棉纱沿刮水方向擦去刮水片上的污物。

二、刮水片的更换

以马自达 CX-5 轿车为例，说明刮水片的更换方法。

（1）前刮水片的更换

1）立起刮水臂，如图 4-41 所示。注意避免刮水臂突然压下损坏玻璃。

2）掀开小盖子，下拉前刮水片（若有支架的，拆下刮水器支架）即可拆出，如图 4-42 所示。

图 4-41　立起刮水臂　　　　图 4-42　拆下前刮水片

3）按照相反的顺序安装好前刮水片，如图 4-43 所示。

（2）后刮水片的更换

1）立起刮水臂，然后拉下刮水片（若有支架的，拆下刮水器支架）即可拆出，如图 4-44 所示。

2）如图 4-45 所示，组装刮水片。

图 4-43　安装新的前刮水片

图 4-44　拆下后刮水片　　　　图 4-45　组装刮水片

3）如图4-46所示，将刮水片缓慢地放入支架内。

4）如图4-47所示，检查刮水片确保安装到位即可。

图4-46 放入刮水片

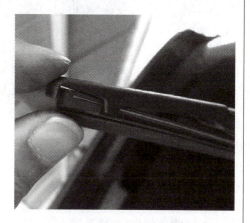

图4-47 确保刮水片安装到位

三、洗涤器的检查

1）如果洗涤泵不能工作，先检查其洗涤泵插头是否有电、搭铁线是否良好。若均良好，则表明洗涤泵损坏，应更换新的洗涤泵。

2）如果洗涤泵工作正常，则拔下喷嘴的连接软管，打开洗涤器拨杆开关，如果软管口无洗涤液喷出，应检查喷嘴至洗涤泵之间的软管是否扭结或挤夹、是否有老化、是否折断或破裂，如有应予更换。

3）如果喷嘴堵塞可用细小的针捅开喷嘴堵塞物或更换喷嘴。检查洗涤器喷嘴，脏污时可用干净的毛刷清洗喷嘴，喷嘴喷射角度不适合时应进行调整。

4）洗涤液应按原厂要求选用，若使用普通洗涤剂、清洁剂配制的洗涤液时，在进入冬季时应予清除，然后使用含有防冻剂的洗涤液，否则会冻裂储液罐和软管。

5）当洗涤器不工作时，则检查储液罐是否已经没有洗涤液，须检查储液罐液位。如果液位低于"LOW"，应添加洗涤液。

四、喷嘴的调整

汽车风窗玻璃洗涤液喷嘴通常设置在发动机盖靠近风窗玻璃的位置（个别车型会设置在刮水臂上），喷水方式主要有雾状和柱状两种，雾状喷嘴会均匀喷出水雾或水珠，喷射面积较大。通常情况下雾状的喷头是出厂前设定好的，并且角度固定，由一个内置花洒将水柱打散，即便是堵住一两个花洒口也不影响整体效果，因此这类喷嘴不可调。

柱状喷嘴是左右两个喷嘴直接喷射出水柱来，若由于各种原因造成喷水角度严重偏离，此时需要借助大头针或其他等同的工具（图4-48）将喷嘴调整到50%或50%以上的洗涤液溅落在喷射范围以内。

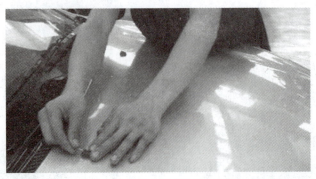

图 4-48　调整喷嘴

 维修案例

1. 远景轿车刮水器异响

【故障现象】

一辆 2011 年款吉利远景 1.5L 轿车，车主反映该车刮水时刮水器有异响。

【故障诊断与排除】

1）根据故障现象进行分析，刮水器异响一般是刮水器连杆各铰接关节润滑不良所致。

2）拆下刮水器总成（图 4-49），发现转动铰接处有较多锈蚀，然后用细砂布打磨干净。

3）在所有的铰接处添加润滑脂，如图 4-50 所示。

图 4-49　刮水器总成　　　　　　　图 4-50　添加润滑脂

4）重新装复后检查，刮水器异响消除，故障排除。

2. 新奥拓轿车刮水缓慢

【故障现象】

一辆 2013 年款新奥拓 1.0L 轿车，车主反映该车刮水缓慢。

【故障诊断与排除】

1）首先进行检查，发现刮水器电动机工作缓慢且有卡滞现象。

2）根据故障进行分析，刮水器电动机工作缓慢说明刮水器控制线路正常，故障出现在刮水器电动机内部。

3）拆解刮水器电动机，发现刮水器电动机有锈蚀的异常情况，如图4-51所示。

4）如图4-52所示，将刮水器电动机全部锈蚀清洁干净。

5）如图4-53所示，给润滑部位添加润滑脂，然后按照相反的顺序装复刮水器电动机。

6）装复后进行检查，刮水器工作正常，故障排除。

图4-51　刮水器电动机有锈蚀

图4-52　清洁干净刮水器电动机

图4-53　添加润滑脂

3. 江淮和悦轿车风窗玻璃洗涤器不喷水

【故障现象】

一辆2010年款江淮和悦1.5L轿车，车主反映该车拨动组合开关开启风窗玻璃洗涤器时，洗涤器喷嘴不喷水。

【故障诊断与排除】

1）首先在发动机盖处有2个洗涤器喷嘴，喷嘴上沾有少许泥浆，但并未将喷嘴完全堵塞，说明是其他原因导致洗涤器不喷水。

2）拨动组合开关至低速、高速及间歇档，刮水器均能正常工作，说明间歇刮水控制继电器良好。

3）拔下洗涤泵线路插头，在接通洗涤器开关时测量插头两端子之间的电压，为12V，说明洗涤器开关及线路良好，故障在洗涤泵。

4）更换新的洗涤泵，洗涤器能正常喷水，故障排除。

4. 雪铁龙凯旋轿车洗涤器不能工作

【故障现象】

一辆 2008 年款雪铁龙凯旋 2.0L 轿车，车主反映该车刮水器突然不能喷水。

【故障诊断与排除】

1）首先检查洗涤液储液罐里面的洗涤液液面正常。

2）打开洗涤器开关，洗涤泵没有工作，于是拆下洗涤泵插头进行测试，供电正常，说明该洗涤泵故障，必须更换。

3）如图 4-54 所示，更换新的洗涤泵，洗涤器能正常喷水，故障排除。

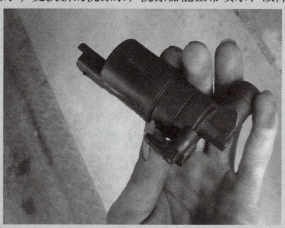

图 4-54　更换新的洗涤泵

你学会了吗？

1. 刮水器的作用是什么？
2. 刮水器的结构是怎么的？
3. 如何保养刮水器？
4. 如何更换刮水片？
5. 如何检查洗涤器？
6. 如何调整喷嘴？

第 37 天　电动车窗的养护

学习目标

1. 了解电动车窗的特点与结构。
2. 掌握电动车窗升降器总成的保养方法。
3. 掌握电动车窗橡胶的保养方法。

 **基础知识**

电动车窗利用电动机驱动车窗玻璃升降,它取代了传统的转动摇柄升降玻璃,使得玻璃的升降轻便化、舒适化、自动化。如图 4-55 所示,电动车窗主要包括车窗玻璃导槽、车窗玻璃、电动车窗升降器总成、电动车窗电动机等。

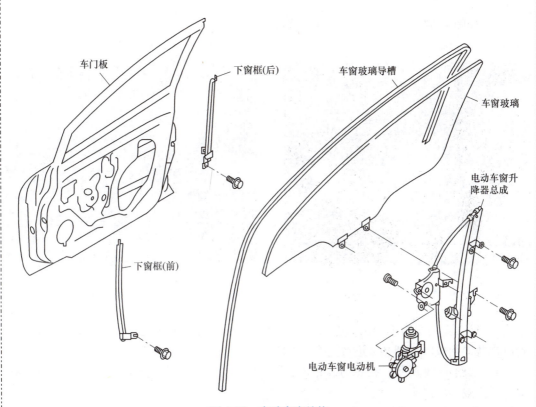

图 4-55 电动车窗结构

电动车窗的故障要点如下:

1)如果打开电动车窗开关而电动车窗动作不顺畅,大多数是由于车门内部电动车窗升降器总成里的凡士林耗尽造成的,应取下电动车窗电动机内盖加注凡士林。

2)如果玻璃完全不能上下,则有可能是电动车窗开关故障。如果是电动车窗开关故障,则必须更换新件。

3)电动车窗如果失灵,则应检查熔丝。

4)如果发现电动车窗电动机卡滞,则在电动车窗电动机齿轮的内部喷上凡士林,并一边上下移动,一边喷涂,这样可以使很狭小的部分也能涂上凡士林。

5)检查支撑玻璃两端的橡胶部分,当玻璃与玻璃导槽的滑动状况差时,可涂上橡胶保养剂。

6)电动车窗最常见的故障原因是玻璃导槽内的橡胶条硬化或卡有脏污,令玻璃升降不畅顺或卡住不动,应喷些润滑油在玻璃导槽内润滑并保持车窗的洁净。

> **实际操作**

一、电动车窗升降器总成的保养

1）首先从车门上拆下电动车窗升降器总成,然后卸下电动车窗电动机,如图 4-56 所示。

2）如图 4-57 所示,分解电动车窗电动机。

图 4-56　卸下电动车窗电动机

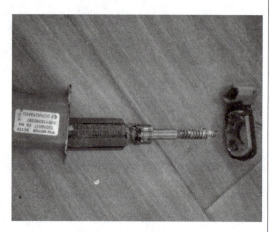

图 4-57　分解电动车窗电动机

3）检查电动车窗电动机的电刷、电枢轴、线圈、齿轮传动机构等是否有严重损坏。若电刷磨损到极限,则必须进行更换,如图 4-58 所示。

4）如图 4-59 所示,按照与拆卸相反的顺序组装电动车窗电动机,组装时在齿轮传动机构内添加润滑脂。

5）将保养完成的电动车窗电动机安装到电动车窗升降器总成上,然后在电动车窗升降器钢丝及滑动支架上添加润滑脂(图 4-60),最后将电动车窗升降器总成按照与拆卸相反的顺序安装到车门上即可。

图 4-58　更换电刷

图 4-59　组装电动车窗电动机

添加润滑脂

图 4-60　电动车窗升降器总成

二、电动车窗橡胶的保养

1）首先将车窗玻璃导槽内的脏污清洁干净。

2）选择橡胶保养剂，然后在所有的车窗玻璃导槽内喷上橡胶保护剂，如图 4-61 所示。

a) 前电动车窗橡胶的保养

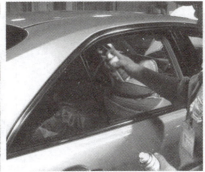
b) 后电动车窗橡胶的保养

图 4-61　喷上橡胶保护剂

 你学会了吗？

1. 电动车窗的特点与结构是怎样的？
2. 如何保养电动车窗升降器总成？
3. 如何保养电动车窗橡胶？

第38天　电动座椅的养护

学习目标

1. 了解电动座椅的特点与结构。
2. 掌握电动座椅的检查与保养方法。
3. 掌握座椅加热器的更换方法。

基础知识

电动座椅可通过按钮来调节座椅的前后位置、上下高度、靠背角度，高级轿车的电动座椅还可以调节大腿支撑、腰部支撑等位置。以凯美瑞轿车为例，电动座椅主要由电动座椅开关、位置传感器、电子控制单元、座椅电动机（包括各种调节位置的电动机）及传动机构等组成，如图4-62所示。

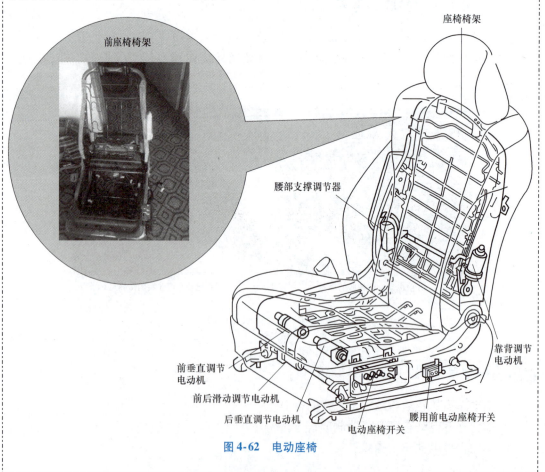

图4-62　电动座椅

> **实际操作**

一、电动座椅的检查与保养

1) 当电动座椅调整动作比正常慢时,则应检查座椅电动机、传动机构以及相关部位是否有卡滞的异常情况,必要时添加润滑剂进行保养,如图 4-63 所示。

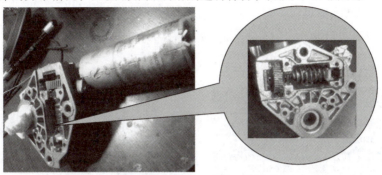

图 4-63　座椅电动机保养

2) 当电动座椅出现间歇性故障时,则应检查电动座椅开关线路插头是否接触不良、连杆传动机构是否有故障等。

3) 当操纵电动座椅开关时,电动座椅不能调整,则应检修或更换电动座椅开关、对应的座椅电动机以及检查相关的控制线路有无断路、短路、接触不良的故障。

4) 如果座椅有加热器,打开座椅加热器开关而座椅加热功能失效,则应进行如下检查:

① 找到座椅加热器及其连接器。

② 如图 4-64 所示,用热风筒将座椅加热器的温控器加热到 37℃ 左右,然后使用万

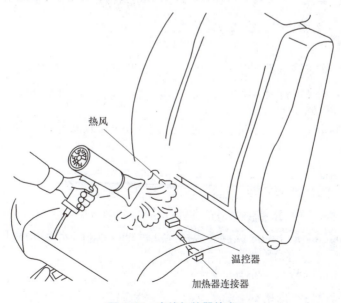

图 4-64　座椅加热器检查

用表检查两接线端之间的导通性。当温度低于37℃时，座椅加热器连接器的两接线端应导通，否则应更换加热器。

二、更换座椅加热器

1）如图4-65所示，拆开座椅的真皮套找到座椅加热器，然后将其拆下。使用新的座椅加热器进行替换即可。

2）按照与拆卸相反的顺序组装好座椅的真皮套，如图4-66所示。

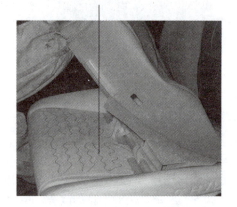

图4-65　更换座椅加热器

图4-66　组装座椅的真皮套

 维修案例

迈腾轿车左前电动座椅高度调节功能失效
【故障现象】
一辆2009年款迈腾1.8TSI轿车，车主反映按压座椅高度后部调节开关，座椅无动作，而其他位置的调整功能则正常。
【故障诊断与排除】
1）使用VAS5052读取故障码，显示故障码"02330后排座椅高度调整马达（电动机）电路电气故障"，如图4-67所示。

2）由于其他位置的调整功能正常，表明电路供电系统正常。按压座椅后部高度调节开关的瞬间，清晰地听到电动机瞬间动作的声音，但座椅不动作，由此可说明开关有信号传输到电动机，且线路和供电是正常的，初步判断为调节电动机故障。

3）拆下座椅，找到座椅后部调节电动机，拆下电动机，给电动机单独供电，电动机能正常运转，说明故障在与电动机相连的蜗轮蜗杆部分。

4）拆下蜗轮蜗杆部分，发现塑料蜗轮齿已经损坏，如图4-68所示。

5）更换后排座椅高度调整电动机总成，然后进行检查，故障排除。

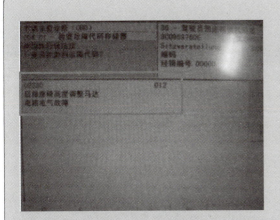
图 4-67　故障码显示

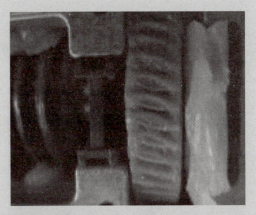
图 4-68　塑料蜗轮齿损坏

 你学会了吗？

1. 电动座椅的特点与结构是什么？
2. 如何检查与保养电动座椅？
3. 如何更换座椅加热器？

第 39 天　电喇叭的养护

 学习目标

1. 了解电喇叭的特点与结构。
2. 了解电喇叭的型号。
3. 掌握电喇叭的调整与养护。
4. 掌握电喇叭的更换方法。

 **基础知识**

一、电喇叭的特点

1）电喇叭按音量可分为单音喇叭、双音喇叭、三音喇叭 3 种，一般由 2 个组成；按形状可分为盆形喇叭（图 4-69）和蜗牛形喇叭（图 4-70）。

2）双音喇叭由 2 个声音频率不同的喇叭组成，可分为高音喇叭和低音喇叭。

3）电喇叭的膜片厚度也不相同，一般低音喇叭膜片较软，喇叭口较长；高音喇叭膜片较硬，喇叭口较短。

二、电喇叭的结构

以盆形喇叭为例,电喇叭主要由衔铁、线圈、共鸣板、膜片等组成,如图4-71所示。

图 4-69　盆形喇叭

图 4-70　蜗牛形喇叭

三、电喇叭的型号

电喇叭的型号表示方法如下:

1)电喇叭的产品代号为 DL。
2)电压等级代号用 1 代表 12V,2 代表 24V,6 代表 6V。
3)结构代号用 1 代表长筒形,2 代表盆形,3 代表蜗牛形。
4)设计序号用字母表示。
5)用"H"表示高音,"L"表示低音,如图 4-72 所示。

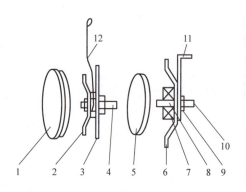

图 4-71　电喇叭的结构

1—罩盖　2—共鸣板　3—绝缘膜片
4—上衔铁　5—绝缘垫圈　6—喇叭体
7—线圈　8—下衔铁　9—锁紧螺母
10—调节螺钉　11—托架　12—导线

图 4-72　电喇叭的型号

四、电喇叭的使用注意事项

1)选用电喇叭时必须要与蓄电池电压相匹配,否则将会损坏电喇叭或无法带动电喇叭响。

2)安装电喇叭时要选择搭铁良好的地方,并且要安装牢固。

3)安装电喇叭时应将喇叭口朝下方,避免行车时音质和音量变化。

4)清洗汽车时,不要将水冲进电喇叭内部。

5)使用喇叭时,按动喇叭按钮时间不宜过长,避免通电电流时间过长造成电喇叭触点、线圈烧坏。

6)电喇叭线路不能接错,单只喇叭只能串联,装有两只以上的喇叭只能并联。

> **实际操作**

一、电喇叭的调整与养护

不同型号的电喇叭其构造不完全相同,调整方法也不完全一致,但其基本方法一致。

(1)电喇叭的调整 电喇叭的调整如图4-73所示。

1)电喇叭音量的调整。松开锁紧螺母,然后转动调整螺母,即可改变触点间的接触压力。当触点压力增大时,触点闭合时间增长,线圈通过的电流增大,音量增大;反之,电流减小,音量降低。

2)电喇叭音调的调整。转动音调调整螺钉,减小衔铁与铁心间的间隙,可以提高音调。

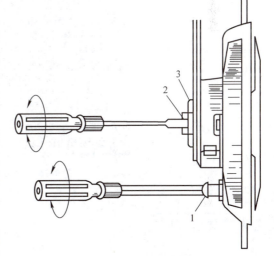

图4-73 电喇叭的调整
1—音量调整螺钉 2—音调调整螺钉 3—锁紧螺母

(2)电喇叭的养护 电喇叭触点应保持清洁,其接触面积不应低于80%。如果有严重烧蚀,则应及时更换电喇叭。

二、电喇叭的更换

不同车型的电喇叭安装位置也不完全相同,更换也不完全一致,但其基本方法一致。以卡罗拉轿车为例,电喇叭的更换步骤如下:

1)首先拆下发动机舱前围防护板,找到电喇叭安装位置,如图4-74所示。

2)如图4-75所示,拆下电喇叭上的固定螺栓,然后取下电喇叭。

3)该车型蓄电池电压为12V,于是选择12V的原厂电喇叭。在电喇叭上安装片状弹簧(图4-76),然后按照与拆卸相反的顺序将电喇叭安装到搭铁良好的固定支架上,最后对应地插上电喇叭线接头即可完成更换。

图 4-74　找到电喇叭安装位置

图 4-75　拆卸固定螺栓

图 4-76　安装片状弹簧

你学会了吗?

1. 电喇叭的特点什么?
2. 电喇叭的结构是怎样的?
3. 电喇叭的型号是怎样的?
4. 如何调整电喇叭?
5. 如何更换电喇叭?

第 40 天　汽车音响的养护

学习目标

1. 掌握光碟的清洁方法。
2. 掌握音响 CD 机芯的清洁方法。

**实际操作**

一、光碟的清洁

1)如图 4-77 所示,选择专用清洁剂和擦镜纸。

2)如图 4-78 所示,将清洁剂喷涂在光碟正面上,然后用专用擦镜纸进行擦拭即可,也可使用干净柔软的布块清洁光碟。清洁时轻轻地从中间向两边擦拭,切记不要打圈进行擦拭。

图 4-77 专用清洁剂和擦镜纸

图 4-78 喷涂清洁剂

二、清洁音响 CD 机芯

不同车型的音响机芯的拆装也不完全相同,但其清洁方法一致。以福美来轿车为例,音响 CD 机芯的清洁方法如下:

1)如图 4-79 所示,首先退出光碟,然后把光碟放回包装盒,防止光碟划伤损坏和被尘土污染。

2)关闭点火开关。

3)小心地从控制面板上拆卸 CD 机总成,如图 4-80 所示。

图 4-79 退出光碟

图 4-80 拆卸 CD 机总成

4)从 CD 机总成上拆除其他附件,找到 CD 机芯位置,如图 4-81 所示。

5)如图 4-82 所示,用蘸有清洁剂的棉签小心地将 CD 机芯的激光头、碟槽、带盒上的灰尘、污渍清洁干净。

6)如图4-83所示,重新将CD机装复,然后在CD机总成上插好插头,开启CD机确保工作正常后再装回控制面板内,如有异常则要进行维修。

7)按照与拆卸相反的顺序安装CD机总成,如图4-84所示。

图4-81　找到CD机芯位置

图4-82　清洁CD机芯

图4-83　CD机装复

图4-84　安装CD机总成

 维修案例

君越轿车6碟CD卡碟

【故障现象】

一辆2011年款君越2.4L轿车,车主反映该车音响经常出现卡碟,出盘不顺畅,甚至出现读碟错误的故障。

【故障诊断与排除】

1)首先将一张质量稍差的唱片放到CD机中读碟,发现光碟虽然能够转动,但光碟转很长时间也读取不了数据。

2)退出光碟也出现不顺畅的现象,说明6碟CD机芯损坏或激光头过脏,于是拆下CD机进行检查。

3)拆下6碟CD机芯发现激光头过脏,如图4-85所示。

4)用蘸有清洁剂的棉签小心地将CD机芯的激光头、碟槽、带盒上的灰尘、污渍清洁干净,然后装复后进行检查,6碟CD工作正常(图4-86),故障排除。

图 4-85　激光头过脏

图 4-86　6 碟 CD 工作正常

你学会了吗?

1. 如何清洁光碟?
2. 如何清洁音响 CD 机芯?

第五章

汽车外部美容与修复必知必会

第41天 汽车清洗

学习目标

1. 了解汽车清洗的作用。
2. 了解汽车清洗的周期及注意事项。
3. 掌握汽车清洗的方法。
4. 熟悉用高压水枪洗车的过程。

一、汽车清洗的作用

汽车清洗是汽车车身养护的主要内容,主要作用是将车身上的泥土、砂粒、灰尘污垢等清洗干净,确保汽车清洁靓丽。

二、汽车清洗的周期

一般情况下,一周清洗一次最好。清洗不宜过频,因为频繁清洗会加速车身喷涂层氧化,但如果遭遇了灰尘、泥泞、大雨等,车主应尽快对汽车进行清洗。

三、汽车清洗的注意事项

1)注意安全用电,按照操作说明正确使用清洗设备。
2)洗车时需要使用专用的洗车液,禁止使用洗衣粉、肥皂水及洗洁精。
3)清洗漆面时,切勿使用刷子及粗布,以免划伤漆面。
4)不要在阳光直射下洗车,因为车身水分快速蒸发后会留下干涸的水珠斑点,影响清洗效果。同样也不要在严寒中洗车,以防水珠结冰引起漆膜破裂。

5）清洗前应当将全部车门、车窗、发动机罩、行李箱盖、通风孔、空气入口严密关闭，以防清洗时进水，造成电路短路和锈蚀等。

四、汽车清洗的方法

汽车清洗的方法主要有高压水枪洗车、自动洗车机、无水洗车等，具体步骤如下：

1. 高压水枪洗车

高压水枪洗车包括冲洗、擦洗、再次冲洗、擦车和验车5个步骤，具体内容参见"实际操作"部分。

2. 自动洗车机洗车

1）对汽车车身进行大概冲洗。

2）驾驶车辆进入自动洗车机洗车区（图5-1，图中所示为龙门式自动洗车机，车辆驶入后不动，洗车机移动），然后将车辆后视镜和天线收起，并把门窗、天窗关好，拉住驻车制动。

3）启动计算机自动洗车控制系统自动洗车。

4）车辆移入美容区后先用大毛巾将全车水珠擦一遍，再用中号毛巾擦去其他细节部位的水珠。

3. 无水洗车方法

1）首先用掸子从上到下将浮尘和砂粒清除，然后将无水亮洁剂喷在车身上，分段喷抹，接着用一块四方形海绵顺同一方向均匀涂抹，最后用干毛巾在车身上以螺旋方式进行抛光即可完成车身清洗。

图 5-1 自动洗车机洗车

2）用刷子刷掉轮胎上的泥巴及尘土，然后用轮胎清洗剂对着轮胎喷一圈完成轮胎清洗。

3）将玻璃清洗剂喷在抹布上，然后擦拭汽车玻璃，完成玻璃的清洗。

实际操作

以高压水枪洗车为例，汽车清洗的过程如下：

（1）冲洗　汽车驶入洗车工位停放平稳并关好所有车窗玻璃及车门后，用高压清洗机自上而下冲去车身污物（图5-2）。整个过程当中始终由一个方向向另一边的斜下方冲洗，尽量避免正向或反向冲洗，以免将泥沙冲回已经冲洗干净的部位。**冲洗注意事项如下：**

1）冲洗车身时，水压不能过大，以免损伤车身。

2）水枪水柱与车身保持45°夹角且距离车身在15~60cm，并根据冲洗部位的不同调整水枪水柱的压力和喷洒形状。

3) 冲水时禁止边冲洗边擦拭，因为泥沙没有冲掉就擦拭将会刮伤车身漆面。

（2）擦洗　用泡沫清洗机将清洗剂与水混合变成泡沫，并在高压下将泡沫均匀喷到车身外表，浸润几分钟，依靠泡沫的吸附作用，使洗涤液充分地渗透车身表面的污垢。最后用洗车海绵擦拭车身表面泡沫，按照从上到下的顺序擦洗车身（图5-3）。

图5-2　冲洗

图5-3　擦洗

（3）再次冲洗　擦洗完毕之后，再次冲洗车身，顺序同冲车一样，但这时应以车顶、上部和中部为重点（图5-4）。因为冲车时已经将车身下部冲洗得比较干净并进行了一定的擦洗。当冲洗中部以上部位时向下流动的水基本能够将下部及底部冲洗干净，所以下部和底部一带而过即可。

（4）擦车　由2名美容工各用一块半湿性大毛巾将整个车身从前至后先预擦一遍（图5-5）。当擦完一遍后，应取出两块毛巾，一干一湿，先用半湿性毛巾擦净车门边、发动机盖、行李舱边沿及燃油箱盖内侧的泥沙，再用干毛巾擦干前面所留下的水痕。

图5-4　再次冲洗

图5-5　擦车

（5）验车　验车时应特别注意检查洗车工序中容易遗漏的部位，如发动机盖边沿及内侧、车门边缘内侧、车门把手内侧、行李舱边沿内侧、燃油箱盖内侧、车身底部、轮胎及排气管等部件。

你学会了吗?

1. 汽车清洗的作用是什么?
2. 汽车清洗的周期是多长?
3. 汽车清洗的注意事项有哪些?
4. 汽车清洗的方法有哪些?
5. 用高压水枪洗车的过程是怎样的?

第42天　漆面附着物的清除

学习目标

1. 掌握沥青及焦油的清除方法。
2. 掌握鸟粪的清除方法。
3. 掌握树胶的清除方法。
4. 掌握漆面顽固水渍的清除方法。

基础知识

当车身漆面附着难以清除的污垢时，可以采取以下方法来及时清除。

（1）清水刷洗　对于附着时间不长的污物，一般可以刷洗清除。在刷洗时，水温在常温或常温以下，刷子要用鬃毛刷，以免划伤漆面。

（2）有机溶剂清除　如果刷洗难以清除污迹，则可选用有机溶剂，但选用时一定要注意不可选用对漆面产生溶解作用的有机溶剂，如含醇类、苯类的有机溶剂，信纳水，焦油去除剂，树胶清洗剂等。一般可用汽油浸润后，擦拭清除。

（3）抛光机清除　使用抛光机加入适当的研磨剂，亦可有效地去除附着在车表的沥青、焦油等顽迹。

实际操作

一、鸟粪的清除

1）将树胶清洗剂摇匀并均匀地喷洒于附着鸟粪的漆面，如图5-6所示。

2）等待1~2min，待附着在漆面上的鸟粪软化，如图5-7所示。

3）用不脱毛纯棉毛巾擦拭干净鸟粪（图5-8），随后用清水清洗该处并擦干即可。

二、树胶的清除

1）将树胶清洗剂摇匀并均匀地喷洒于附着树胶的漆面，如图5-9所示。

图 5-6 在鸟粪上喷洒树胶清洗剂

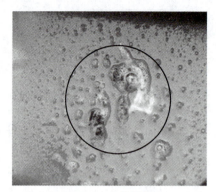

图 5-7 鸟粪软化

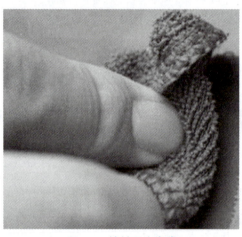

图 5-8 擦拭干净鸟粪

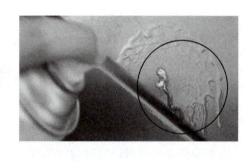

图 5-9 在树胶上喷洒树胶清洗剂

2）等待 1~2min，待附着在漆面上的树胶软化，然后用不脱毛纯棉毛巾擦拭干净树胶，如图 5-10 所示。

3）如图 5-11 所示，用清水清洗附着树胶的痕迹并擦干即可。

图 5-10 擦拭干净树胶

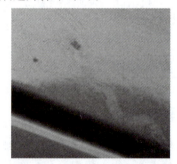

图 5-11 清水清洗树胶的痕迹

三、沥青及焦油的清除

1）将沥青清洗剂摇晃均匀，喷涂于沥青焦油的表层。等待 1~2min，待附着在车身上的沥青颗粒软化，如图 5-12 所示。

2）如图 5-13 所示，用不脱毛纯棉毛巾擦拭沥青，最后用高压水枪清洗干净沥青痕迹并擦干。如果依然还有沥青，则在棉毛巾上喷沥青清洗剂，然后继续擦拭即可恢复干净。

图 5-12　沥青颗粒软化

图 5-13　擦拭干净沥青

四、漆面顽固水渍的清除

1）将汽车漆面空调水痕迹处理剂摇晃均匀，喷涂于顽固水渍的表层，如图 5-14 所示。

2）如图 5-15 所示，用不脱毛纯棉毛巾擦拭顽固水渍即可清除干净。

图 5-14　喷涂水痕迹处理剂

图 5-15　擦拭干净顽固水渍

你学会了吗？

1. 如何清除沥青及焦油？
2. 如何清除鸟粪？
3. 如何清除树胶？
4. 如何清除漆面顽固水渍？

第43天 底盘装甲

学习目标

1. 了解底盘装甲的作用及适用范围。
2. 了解底盘装甲的注意事项。
3. 掌握底盘装甲的操作方法。

基础知识

一、底盘装甲的作用

底盘装甲也称底盘防锈,它是指在汽车底盘的下面喷涂一层 2~4mm 厚的弹性密封材料,形成一层厚厚的铠甲。汽车底盘装甲的主要作用如下:

(1) 底盘防腐蚀　提供良好的保护,避免潮气、酸雨、盐分对车辆底盘金属的侵蚀,密封车体缝隙。

(2) 防石击　给车辆提供良好的橡胶涂层,有效防护路面砂石对底盘的击打,保护漆膜。

(3) 防振　发动机、车轮均固定在汽车底盘上,它们的振动在某一频率上会与底板产生共鸣,底盘装甲防护会消除共鸣。

(4) 隔热　阻止底盘铁板热传导,使驾驶室内冬暖夏凉。

(5) 隔音降噪　车辆行驶在快速路上,车轮与路面的摩擦声与速度成正比,底盘装甲降低行驶时噪声的传导,增加驾驶宁静感。

(6) 防止螺丝松脱　车辆行驶过程中会发生抖动,底盘装甲可以防止底盘螺丝的松脱。

(7) 防拖底　底盘装甲可有效防止底部被路面刮蹭,起到减轻对底盘的伤害。

二、底盘装甲适用范围

底盘装甲主要应用在汽车底板;轮弧、挡泥板、挡泥板衬边;发动机盖内板;汽车下围板;燃油箱;保险杠后部内侧;行李舱及其他可能发生腐蚀的部位等。

三、底盘装甲时注意事项

1) 进行底盘装甲施工前,必须对喷涂部位进行严格的清洗工作,因为当喷涂部位还残留着灰尘、油迹时,喷涂后将会出现脱落现象。同时,也应保证无锈、无沙尘,否则也将会导致底盘装甲后脱落现象。

2) 进行底盘装甲喷涂施工时,请勿一次性喷涂过厚,以免产生流滴和难干等不良现象。

3）新车进行底盘装甲施工时，应先观察喷涂部位是否存有白色或透明的防锈胶或漆类物质（此为新车在原厂已喷涂上的），若存在此类物质的，操作时务必要小心，施工时一定要薄薄地喷涂，待干后再喷涂，如此反复操作直至合格。若一次性喷涂过厚，会导致产品在短时间内难以完全挥发，从而会引发溶剂溶解原防锈漆或胶类物质，两种物质混合后会出现长时间不干和柔软、粘手的现象。

4）对较为隐蔽或难喷涂的部位，不要采取连续喷涂操作，应进行点动式喷涂（即"一喷、一停"），如此喷涂至完全覆盖较为隐蔽或难喷的部位，以防止因连续喷涂过厚而产生的不良现象。

5）喷涂过程中，应视气压和产品的雾化情况来调节与被喷涂部位的距离；气压高，雾化好时适当离远一些，随着气压的下降和雾化不太好的情况，与被喷涂部位的距离也相应地调近一些，此操作既可保证喷涂过程中不会产生过厚的现象，又能充分地提高产品的利用率。

实际操作

（1）底盘清洗　首先用高压水枪去除底盘上粘结的油泥和沙子，还可以用常见的铁丝网刷，把车底附着的泥沙、油污、腐锈和其他杂物刮掉，直到露出金属的本色为止。再用吹水枪将缝隙中的水吹出，并用毛巾将水擦干，将汽车底盘彻底清洗一遍。**注意：为了让底盘装甲附着物完全发挥效力，要将汽车底盘彻底洗干净。**

（2）局部遮蔽处理　用遮蔽纸将车身周围的裙部遮蔽起来，避免被底盘装甲涂料溅脏，如发动机油底壳、变速器外壳、进排气岐管、排气管、减振器弹簧、减振器、转向轴等部位。

（3）喷涂操作　技师戴好防毒口罩，然后充分摇晃盛有底盘装甲涂料的容器。如图5-16所示，用喷枪将底盘装甲涂料均匀地喷在底盘底部及其他需要喷底盘防锈的部位。一般来说，底盘装甲的厚度在1~3mm之间，不能太薄，也不能太厚。

图5-16　喷涂操作

（4）干透后装件并清理工位　在晴朗干燥的天气下让其自然干燥后，将遮蔽纸拆掉（图5-17），装上之前拆卸的部件，然后将车辆移出工位并清理干净。

注意：汽车在喷涂完工 2~4h 后就能投入使用，但完全干燥还需要等待 3 天，在这 3 天内、最好不要让底盘接触到水。

图5-17　喷底盘装甲涂料后的效果

 你学会了吗?

1. 底盘装甲有什么作用?
2. 底盘装甲适用那些范围?
3. 底盘装甲有那些注意事项?
4. 如何进行底盘装甲的操作?

第44天　车窗贴膜

 学习目标

1. 了解车窗贴膜的含义及作用。
2. 掌握车窗贴膜的操作方法。

 基础知识

一、车窗贴膜的含义

车窗贴膜就是在车辆前后风窗玻璃、侧窗玻璃以及天窗上贴上一层薄膜状物体，而这层薄膜状物体也叫作太阳膜或者防爆隔热膜。它主要是阻挡紫外线、阻隔部分热量以及防止玻璃突然爆裂导致的伤人等情况发生，同时根据太阳膜的单向透视性能，达到保护个人隐私的目的。此外，还可以减少车内物品以及人员因紫外线照射造成的损伤。

二、车窗贴膜的作用

（1）隔热防晒　车膜可以减小光线照射强度，达到隔热防晒效果，保持车内凉爽。

（2）隔紫外线　阳光中的紫外线对人体肌肤具有一定的伤害，长期受紫外线照射易造成皮肤疾病。车膜可以有效地阻挡紫外线，对肌肤起到保护作用。

（3）安全与防爆　当汽车发生意外时，防爆车膜可以防止玻璃爆裂飞散，避免事故中玻璃碎片对人员造成伤害，提高汽车安全性。

（4）单向透视　车膜的单向透视性可以使车外看不清车内，增强安全和隐蔽性。

（5）防眩光　车膜可以保持眼睛舒适，降低因为眩光因素造成的意外情况。

（6）提升美观度　五颜六色的车膜可以改变车窗玻璃全部是白色的单一色调，给汽车增添美感。

（7）降低空调能耗　贴上车膜在一定程度上可以防止车内温度过高，从而起到节省油耗、降低空调能耗的作用。

实际操作

以侧窗玻璃贴膜为例，车窗贴膜的操作方法如下：

1）两手用力撕掉侧窗玻璃的保护层（图5-18）。

2）用玻璃清洗剂均匀地喷在侧窗玻璃上（图5-19）。

图5-18　撕掉侧窗玻璃的保护层

图5-19　玻璃清洗剂喷在侧窗玻璃

3）将侧窗玻璃膜粗切为玻璃大小（图5-20）。

4）等待粘胶被溶解后用刮刀将侧窗玻璃上的粘胶清理干净（图5-21）。

图5-20　剪裁侧窗玻璃膜

图5-21　清理侧窗玻璃上的粘胶

5）用刮刀包裹上毛巾再次擦拭干净粘胶。

6）将侧窗玻璃膜覆盖侧窗的外侧。

7）用热风枪把侧窗玻璃膜精确地收缩定形（图5-22），同时用刮板进行抹平，并精确裁膜。

8）再次喷上玻璃清洗剂，然后用刮板将侧窗玻璃清洗干净（图5-23）。

图5-22 用热风枪收缩定形

图5-23 再次清洗侧窗玻璃

9）用棉毛巾包住刮板，然后擦拭干净侧窗玻璃的水珠（图5-24）。

10）在侧窗玻璃表面喷上少量混有洗洁精的泡沫水（图5-25）。

图5-24 棉毛巾包住刮板擦拭干净水珠

图5-25 在侧窗玻璃表面喷上泡沫水

11）撕开侧窗玻璃膜的一部分底层保护层，然后对侧窗玻璃进行覆膜。

12）如图5-26所示，用刮板将侧窗玻璃膜和玻璃之间的水赶干净即可定型。

13）撕开侧窗玻璃膜的全部底层保护层。

14）将侧窗玻璃膜放入车窗缝隙中（图5-27）。

图5-26 用刮板将侧窗玻璃膜刮平

图5-27 将侧窗玻璃膜放入车窗缝隙中

15）用刮板将侧窗缝隙中的侧窗玻璃膜刮平（图 5-28）。
16）检查侧窗玻璃膜的所有边缘并用刮板包裹上毛巾再次刮平（图 5-29）。
17）最后用毛巾将车门内饰板擦拭干净。

图 5-28　将车窗缝隙中的侧窗玻璃膜刮平

图 5-29　再次刮平侧窗玻璃膜

你学会了吗？

1. 什么是车窗贴膜？
2. 车窗贴膜有什么作用？
3. 车窗贴膜的操作方法是怎样的？

第 45 天　汽车风窗玻璃的修补

学习目标

1. 了解汽车风窗玻璃的修补条件。
2. 掌握汽车风窗玻璃的修补方法。
3. 掌握汽车风窗玻璃的修补操作过程。

基础知识

一、汽车风窗玻璃的修补条件

1）并非所有的汽车风窗玻璃都能修补，只有复合（夹层）汽车风窗玻璃可以修补，而且要求炸点是在玻璃非应力区上。

2）损伤的只能是风窗玻璃的外表面，内侧风窗玻璃和中间橡胶夹层不能有损伤，修补必须在损伤发生后很短的时间内进行，损伤部位不可潮湿或有脏物进入，石击部位口的直径不能超过 5mm，从石击处向外裂出的缝隙不允许超过 50mm，并且裂纹不能在风窗玻璃密封条处。

二、汽车风窗玻璃的修补方法

汽车风窗玻璃的修补主要是在裂缝中填补液态胶质，消除缝隙。填补风窗玻璃所用的材料是一种透明度很高的液态胶质，靠紫外线加热可迅速凝固，强度可达到原玻璃的90%以上。

实际操作

汽车风窗玻璃的修补操作过程如下：

1）用干抹布把风窗玻璃损伤部位周围清洁干净，然后用风窗玻璃炸点清洁笔清洁风窗玻璃炸点内的杂质，如图5-30所示。

2）在风窗玻璃内侧安装检查视镜，如图5-31所示。

图5-30　清洁风窗玻璃炸点

图5-31　安装检查视镜

3）如图5-32所示，用微型钻机在裂痕的中间钻一个小孔，主要用于排空里面的空气和修复材料的注入。

4）将固定架安装在风窗玻璃损伤处，并使注射器的中心与风窗玻璃损伤处的中心对正，如图5-33所示。

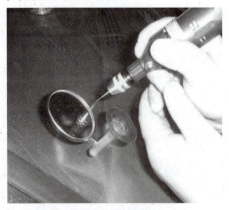
图5-32　钻孔

图5-33　安装固定架

5）如图 5-34 所示，向注射器内滴入 3~4 滴修补液。

6）将注射器旋入固定架，使注射器以轻微压力接触风窗玻璃炸点，然后从风窗玻璃内部将空气抽出，即可注入修补液，如图 5-35 所示。此外，在检查镜中观察炸点被修补液填充并逐渐变得清楚而透明为合格。

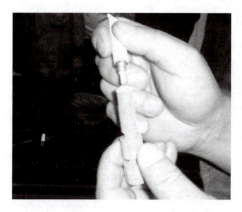

图 5-34　滴入修补液到注射器

图 5-35　注入修补液

7）旋出柱塞，轻轻抬起吸盘的侧面把固定工具支架取下来，然后用紫外线灯从外面加热损伤部位使其快速硬化，如图 5-36 所示。

8）如图 5-37 所示，用刀片从风窗玻璃上刮除多余的硬化树脂，刮除时不能往下推或刨，否则可能会把树脂从损伤部位拔出来。如果修理部位还有一个坑，那么为了获得完好的平面，必须再次涂抹修补、固化、重新刮除即可。

9）用少量抛光膏和很小的压力对修补部位进行抛光（图 5-38），但抛光时间不易太长，否则会刮掉修补树脂。

图 5-36　加热损伤部位

图 5-37　用刀片清除多余的硬化树脂

图 5-38 抛光修补部位

 你学会了吗?

1. 汽车风窗玻璃的修补条件是什么?
2. 汽车风窗玻璃的修补方法是什么?
3. 汽车风窗玻璃的修补操作过程是怎样的?

第 46 天　前照灯修复

 学习目标

1. 掌握前照灯打磨抛光修复方法。
2. 掌握前照灯镀膜修复方法。

 实际操作

在日常的用车过程中,汽车前照灯往往会出现发黄甚至龟裂的现象,此时前照灯的透光度就会受到较为严重的影响。如果把整个前照灯更换,则会增加用车费用,最好的办法是进行前照灯修复。前照灯修复主要有打磨抛光修复和镀膜修复 2 种方法。

一、前照灯打磨抛光修复

前照灯打磨抛光修复是用砂纸打磨前照灯,然后用专用的蜡来进行抛光。具体的操作方法如下:

1) 准备打磨的水砂纸。
2) 如图 5-39 所示,用 320 号或 360 号的粗水砂纸一边喷水一边打磨,及时擦掉残留物。

3）再用800或600号去除320号砂纸印，然后用2000号细水砂纸去除800号砂纸印，同样的操作依此类推，直到前照灯表面无砂纸印。

4）用毛巾擦掉残留物，最后用抛光蜡和抛光机来抛光前照灯镜面，直至镜面光亮为止，如图5-40所示。

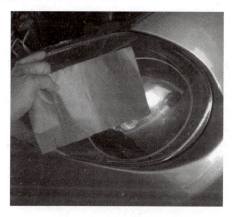

图5-39　用粗水砂纸进行打磨

图5-40　抛光前照灯

二、前照灯镀膜修复

前照灯镀膜修复内容包括清理、打磨、二次清理、镀膜、晾干。具体操作方法如下：

1）清理，对前照灯整体除尘除污，可以用真丝布蘸少量酒精擦拭前照灯表面，去除表面存在的油污及杂质。

2）打磨，打磨汽车前照灯镜面（图5-41），打磨时用砂纸300~2000号由粗到细渐进打磨，打磨至前照灯镜面光滑。

3）二次清理，前照灯镜面打磨光滑后再次用真丝布蘸少量酒精对前照灯整体再次除尘。

4）镀膜，使用专用镀膜液，在无尘环境内进行镀膜，如图5-42所示。

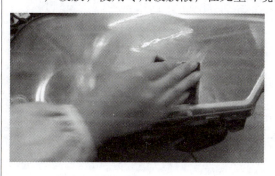

图5-41　打磨汽车前照灯镜面

图5-42　进行镀膜

5）晾干，在无尘环境内，让镀膜后的前照灯自然固化即可完成前照灯的修复。

你学会了吗?

1. 前照灯打磨抛光修复方法是怎么样的?
2. 前照灯镀膜修复方法是怎么样的?

第六章

汽车内部美容与修复必知必会

第47天　内饰保养

 **学习目标**

1. 了解内饰保养的重要性。
2. 掌握内饰保养的方法。
3. 熟悉内饰保养操作的过程。

 **基础知识**

一、内饰保养的重要性

车室平时受外界油、尘、泥沙、吸烟、乘人汗渍及空调循环等不良因素的影响，使车室内空气污染，内饰中的地毯、真皮或丝绒座椅、空调风口、顶篷等处，经常接触潮湿的空气和水渍，使丝绒发霉、真皮老化，甚至产生难闻的气味。此外，车室还容易滋生细菌，既影响身心健康又不利于驾乘心情。因此，内饰保养非常重要，一般每3个月应做一次内饰保养。

二、内饰保养的方法

内饰保养的方法主要包括车室除尘及清洁、车室净化和塑料皮革上光保护等，具体内容如下：

（1）车室除尘及清洁　除尘及清洁就是清除附着或浸渍在内饰表面的灰尘及污物，一般借助清洁护理品能迅速去除车室内饰表面的尘垢和各种污渍。在车室清洁时也要求遵循由高处到低处的原则，即从顶篷到纤维织物、真皮、玻璃、仪表板、门边，最后清洁地毯、脚垫等。

(2) 车室净化 对于车室内的有害细菌,需要用高温蒸汽杀菌,然后喷施空气清新剂。

(3) 塑料皮革上光保护 使用专门的塑料、皮革上光保护剂对内饰进行上光保护。根据产品不同,可采用擦涂和喷施方式,但无论采取哪种方式,都要确保涂抹均匀。

实际操作

内饰保养的部位主要有顶篷、车窗玻璃、地毯、座椅、仪表台、转向盘、空调风口及其他操纵件等,具体过程如下:

1) 如图 6-1 所示,将座套、凉垫、头枕等汽车装饰品拆下来,装进无尘塑料袋保管。

2) 如图 6-2 所示,用遮蔽膜将仪表、开关、音响等电气设备进行遮蔽,目的是避免水分入侵电气设备。

图 6-1 拆去饰品

图 6-2 遮蔽电气设备

3) 顶篷及饰板清洗应使用泡沫清洗剂,从前往后,先往顶篷及饰板上喷少许泡沫清洗剂,湿润半分钟,然后用干净的刷子进行刷洗(图 6-3),顺其纹路方向擦拭。特别脏的地方可以反复进行。

4) 仪表台首先应进行除尘,然后喷上一些泡沫清洗剂,最后用软布进行擦洗,如图 6-4 所示。

图 6-3 清洗顶篷及饰板

图 6-4 清洗仪表台

5）如图6-5所示，喷上泡沫清洗剂后稍停留片刻，然后将干净毛巾折叠成方形或握成柱状，用力挤压污处，再从四周向中间仔细擦拭，直到除去污迹。处理干净后，用另一块干净的棉布顺绒毛方向抹平，使其恢复本来面目。

6）喷上泡沫清洗剂后稍停留片刻，然后用干净棉布擦拭干净中控区，如图6-6所示。

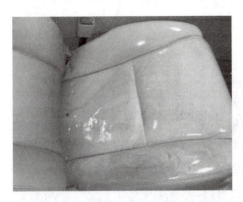
图6-5　清洗座椅

图6-6　清洗中控区

7）地毯的清洗首先应用配有刷头的吸尘器进行清洁（图6-7），然后喷上泡沫清洗剂，用毛巾擦拭干净。

8）如图6-8所示，车门饰板的清洁应该从上到下，门边、门边储物盒、门边上的玻璃升降器开关、后视镜开关要用毛巾或软刷子刷洗，然后吹干水分。

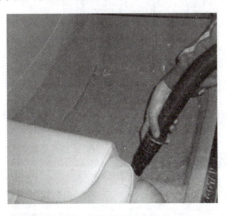
图6-7　清洗地毯

图6-8　清洗车门饰板

9）拉出安全带，用中性肥皂水或温水擦洗。不可选用染色剂或漂白剂作为清洗剂清洗，否则将降低安全带的强度。

10）清洁空调出风口时使用海绵条蘸取塑料清洗剂处理，也可以用小的软毛刷配合进行仔细清洗。

11）根据需要在仪表台、车门饰板及真皮座椅喷上塑料、皮革上光保护剂。

12）用洗车液将玻璃上附着的沙砾、尘土等污物清洁干净，如图6-9所示。当玻璃上粘附有污斑、昆虫和沥青、口香糖或透明胶的残痕等污物时，可用塑料或橡胶刮刀去除；当玻璃表面上存在顽固性污物时，如油漆污点、鸟粪等，可用1500～2000号的旧水砂纸配合肥皂水细心研磨去除。

13）使用汽车臭氧消毒机进行车室消毒，如图6-10所示。最后再喷洒空气清新剂，将拆去饰品复原即可完成车室美容操作。

图6-9　清洗玻璃　　　　　　图6-10　进行车室消毒

 你学会了吗？

1. 为什么要进行内饰保养？
2. 内饰保养的时间间隔是多长？
3. 内饰保养的方法有哪些？
4. 内饰保养操作的过程是怎样的？

第48天　发动机舱保养

 学习目标

1. 了解发动机舱保养操作前的检查内容。
2. 掌握发动机舱保养的注意事项。
3. 熟悉发动机舱保养操作的过程。

一、发动机舱保养操作前的检查内容

1）起动发动机,检查发动机运转是否正常平稳。
2）检查仪表板是否有故障灯亮,如有应告知车主并记录。
3）关闭发动机,打开发动机盖,检查发动机舱各部件有无破损。
4）检查发动机电器、电路有无明显破损。

二、发动机舱保养的注意事项

1）发动机舱清洁前必须用塑料薄膜将发动机的熔丝/继电器盒、发电机、电子控制单元(ECU)、点火线圈、蓄电池等遮蔽,以免水分入侵用电设备造成损坏。
2）在清洗发动机外部时,首先将发动机熄火,使所有电器不工作,并待发动机舱温度降低后方可清洗。
3）清洗时应使用散射水柱进行冲洗,并且高压水的压力不能过高。
4）清洗时注意不要让清洗液流进蓄电池,以免损坏汽车蓄电池。

实际操作

以奥迪轿车为例,发动机舱保养操作的过程如下:

1）清洁前,必须用塑料薄膜将发动机的电器元件包裹起来。
2）首先摇晃发动机外部清洁剂使其混合均匀,然后将发动机外部清洗剂喷涂到整个发动机室及发动机外部各部件总成处(图6-11),停留3~5min以使污垢尽可能地被吸附到泡沫中。细小部位需使用刷子刷,使脏物浮起。
3）当发动机外部清洗剂的泡沫开始消失时,用高压洗车机或喷水枪仔细冲洗,如图6-12所示。清洗时应使用散射水柱进行冲洗,而且要将发动机外部清洗剂泡沫彻底冲洗干净。

图6-11 喷涂发动机外部清洗剂

图6-12 高压水冲洗

4）对于发动机上残留的顽固附着污物，可将去污力较强的清洗剂喷涂在干净的抹布上，并用这块抹布擦拭脏污处，擦抹干净后再喷涂发动机外部清洁剂，停留 3~5min 后再用水冲洗干净。

5）如果发动机外部出现锈蚀，则应将除锈剂喷涂在锈蚀处，大约 10min，再用硬毛刷刷洗，然后用软布擦干。

6）发动机的电器元件在必要时可以用电器元件专用清洁剂来清洁，清洁时不要用水清洗，只需擦干或任其自然干燥。清洁后再使用多功能防腐润滑剂喷涂一遍，使电器元件的接插头具有抗潮、避水及润滑等多项保护功能。

7）使用抹布配合清洁剂将蓄电池表面擦拭干净，然后在蓄电池极柱上涂抹一层保护剂或润滑脂防止极柱的氧化。

8）如图 6-13 所示，清洗流水槽时，必须注意观察流水槽是否疏通并配合软毛刷或海绵刷洗，再用干净软布擦干。清洁干净后，可以喷涂橡胶清洁护理剂，防止橡胶老化。

9）恢复拆卸的部分，然后擦干净发动机，如图 6-14 所示。最后用压缩风枪将发动机上所有的零部件及缝隙吹干。

图 6-13　清洗流水槽　　　　　　　图 6-14　擦干净发动机表面水分

10）将上光剂均匀喷涂在发动机壳上，线束或橡胶物件可用打蜡海绵蘸上橡胶护理剂擦拭加以保护，如图 6-15 所示。

11）发动机室清洁后应无灰尘、水迹、油渍、飞漆等杂物残留，干净清洁，如图 6-16所示。

图 6-15　用打蜡海绵涂抹橡胶护理剂　　　图 6-16　发动机室清洁效果

你学会了吗?

1. 发动机舱保养操作前的检查内容包括哪些?
2. 发动机舱保养的注意事项有哪些?
3. 发动机舱保养操作的过程是怎样的?

第49天　仪表台修复

学习目标

掌握仪表台修复的操作方法。

实际操作

仪表台修复就是针对原车仪表台部位的破损、变形、皮革因老化而起层、退色变淡脱落或副气囊炸裂等现象进行修复。仪表台修复主要包括专业技术人员的整形处理、包装皮革、上色处理、压印处理、还原原装仪表本色等工序。仪表台修复的操作方法具体如下:

1) 如图6-17所示,首先在仪表台破损周围用纸胶布将遮蔽纸贴上,主要避免喷色漆时将内饰的其他部件弄脏。此外,对于不需要喷色漆的部位也要粘贴上纸胶布保护,如杂物箱的拉手、空调出风口、空调控制面板等。

2) 如图6-18所示,根据仪表台的颜色来调色漆。当调出色漆颜色与需要的仪表台颜色吻合度达到90%左右时,将所调的色漆进行试喷,如果发现所调的色漆与需要的仪表台颜色不一致时,则需要进行微调,直到所调的色漆与需要的仪表台颜色一致为止。

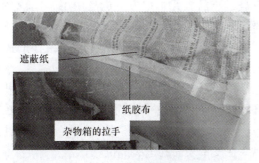

图6-17　仪表台破损周围贴上遮蔽纸

图6-18　调色漆

3) 使用喷枪来回均匀地喷上一层色漆使其遮盖住仪表台原来的颜色,如有必要则喷上第二遍色漆。如图6-19所示,喷色漆时,应右手拿喷枪喷色漆,左手拿一块硬纸皮遮挡住喷枪经过的路径边沿,避免色漆飞溅到其他内饰上造成清洁困难。

4）如图 6-20 所示，当色漆自然干燥即可恢复仪表台原来的光泽，最后将遮蔽纸撕开即可完成仪表台的修复。

图 6-19　喷色漆

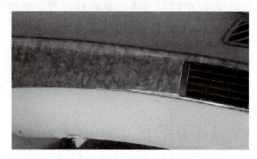
图 6-20　修复后的效果

你学会了吗？

简述如何修复仪表台？

第 50 天　真皮座椅修复

学习目标

掌握真皮座椅修复的操作方法。

实际操作

汽车上真皮使用的部位主要在座椅、转向盘、车门板几个地方，也是使用率比较高的地方。真皮表面是色层、中间是皮层、底部是纤维层，而我们经常见到的真皮褪色一般指色层脱落，而修复也主要是针对色层进行修复。下面以真皮座椅为例，介绍整个真皮修复的过程：

1）首先要用软刷子、半湿毛巾重点清洗需要修复、有皱纹的真皮表面，因为这里的灰尘很多，然后用干毛巾擦干。这样做的目的是为了保证皮革表面的清洁和干爽，后续材料才能更好地渗透皮层。

2）如图 6-21 所示，将皮革补伤膏均匀地涂在皮革表面的龟裂部位。

3）如图 6-22 所示，用电吹风吹干或者自然风干皮革补伤膏。

4）等皮革补伤膏彻底干燥后，用 400 号或 600 号细砂纸打磨光滑真皮座椅损伤处，如图 6-23 所示。如果真皮修补感觉还不是很理想，则可以重复上皮革补伤膏，最后打磨光滑。此外，如果皮革表面有比较大的破洞，可以用一块比破洞稍大的类似皮革，用皮革

图 6-21 涂抹皮革补伤膏

图 6-22 吹干皮革补伤膏

胶水沾在破洞部位,等完全沾牢固后,再用皮革补伤膏将缝隙修补好,等干燥后进行打磨光滑。

5)调好色漆,然后用遮蔽纸将真皮座椅遮蔽起来。如图6-24所示,使用喷枪来回均匀地喷上色漆使其遮盖住真皮座椅损伤部位,如有必要则将整个真皮座椅的表面喷一层色漆。最后小心地在真皮损伤部位喷上第二遍色漆。

图 6-23 打磨光滑真皮座椅损伤处

图 6-24 喷色漆

6)如图6-25所示,让色漆自然干燥即可恢复原来的光泽,最后将遮蔽纸撕开即可完成真皮座椅的修复。

图 6-25 真皮座椅的修复后的效果

 你学会了吗?

简述如何修复真皮座椅?

第51天 顶篷修复

学习目标

掌握顶篷修复的操作方法。

实际操作

很多车主在保养汽车的时候，都会有清洗内饰车顶的习惯。其实，内饰清洗剂是具有一定除胶作用的，经常清洗顶篷，就很容易将顶篷绒布的胶清洗掉，从而导致绒布脱落。一旦顶篷绒布脱落，我们就需要及时地进行修复，否则脱落的面积只会越来越大。

顶篷损坏情况主要分为中间位置脱胶、顶篷边缘处脱胶、前后风窗玻璃处脱胶、后排位置脱胶、顶篷中交位置脱胶以及整个顶篷脱胶。不同部位脱胶的处理修复方式存在一点操作上的差异。如果是边缘脱胶，直接在脱胶处喷上胶即可；如果是大面积脱胶，则需要更换整个顶篷，具体操作方法如下：

1）首先将顶篷外表的真皮撕掉，然后将顶篷老化的海棉都清理干净，如图6-26所示。

2）如图6-27所示，使用502胶水在顶篷表面均匀涂一层，目的是增加顶篷的硬度。

图6-26 清理干净顶篷老化的海棉

图6-27 在顶篷表面涂502胶水

3）等待502胶水硬化后在顶篷表面均匀喷上一层助粘剂，如图6-28所示。

4）如图6-29所示，在新真皮反面均匀喷上一层助粘剂，晾置2~3min。

5）将新真皮覆在顶篷表面，然后将新真皮抹平并粘贴牢固。如图6-30所示，抹平时要适当施加压力，压力须全面均匀，这样粘接效果才能达到最佳。

6）将顶篷背面反过来，然后对其收边处理即可完成顶篷的修复，如图6-31所示。

图 6-28　顶篷表面喷助粘剂

图 6-29　新真皮反面喷助粘剂

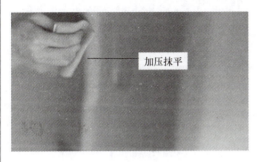
图 6-30　将新真皮抹平

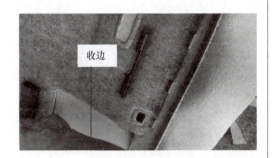
图 6-31　收边处理

简述如何修复顶篷?

第七章
汽车漆面美容与修复必知必会

第52天 汽车打蜡

1. 了解汽车打蜡的周期。
2. 掌握上蜡的方法。
3. 掌握抛光的方法。
4. 掌握汽车打蜡的操作过程。

一、汽车打蜡周期

一般有车库并经常在良好道路上行驶的汽车，每3~4个月打蜡1次，否则应1~2个月打蜡1次。打蜡的时间间隔没有具体规定，但一般通过目视或用手触摸车身，感觉发涩无光滑感就可再次打蜡。

二、上蜡方法

上蜡可分手工上蜡和打蜡机上蜡两种。手工上蜡简单易行，目前美容店使用较多，但打蜡机上蜡效率高。无论是手工上蜡还是打蜡机上蜡，都要保证将蜡在漆面涂布均匀。

1. 手工上蜡

手工上蜡就是按一定的顺序手工涂蜡，如图7-1所示。首先将少量的车蜡挤在专用打蜡海绵上，保证每次

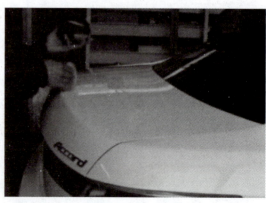

图7-1 手工上蜡

处理的面积一定，以画小圆圈的方式涂蜡，不可大面积涂抹。打蜡时手的用力要均匀，不必使劲擦，以大拇指和小拇指夹住海绵，以手掌和其余3个手指按住海绵，按均匀的环形顺序上蜡。圆圈的轨迹沿车身前后移动，具体顺序是右前发动机舱盖、右前翼子板、右前车门、右后车门、右车顶、右后翼子板、行李舱，左半车身与右半车身顺序相同，蜡膜尽量做到薄而均匀。每道涂布区域相应与上道涂布区域有1/5～1/4的重叠，防止漏涂。

2. 打蜡机上蜡

打蜡机上蜡就是将车蜡涂在打蜡机海绵上，具体涂布过程与手工相似，打蜡机的转速控制在150～300r/min之间。

三、抛光方法

上蜡5～10min后，蜡表面开始发白，用手背感觉车蜡的干燥程度，当刚刚干燥而不粘手时即可进行抛光。抛光可以用手工抛光或抛光机抛光。

1）手工抛光时应先用手背感觉车蜡的干燥程度，以刚刚干燥而不粘手为宜。手工抛光通常使用无纺棉布按一定的顺序做往复直线运动，适当用力挤压，以清除剩余车蜡。

2）抛光机抛光时将抛光机的转速调至1000～1500r/min为宜，将抛光机的抛光盘平放在涂面上，然后均衡地向下施加压力即可。

四、汽车打蜡注意事项

1）打蜡作业中要求美容工将手表、戒指之类的饰品全部拿下来，以防止不小心将漆面刮伤。

2）应在阴凉且无风沙处给汽车打蜡，否则车身温度高会导致车蜡附着能力下降。如果打蜡场所及周围环境不清洁，沙尘会在车身上附着，不但会影响打蜡质量，而且极易产生划痕。

3）打蜡时，应该用打蜡海绵块按顺序在车体上直线往复进行，不可把蜡液倒在车上乱涂，一次作业要连续完成，不可涂涂停停。

4）打蜡时，若打蜡海绵上出现与车漆相同的颜色，可能是漆面已经破损，应立即停止打蜡，必须在清除掉褪色和氧化漆后，才能进行打蜡作业。

5）不要往车窗和风窗玻璃上涂蜡，否则玻璃上形成的油膜很难擦干净。

6）抛光作业要在规定时间内进行，切记不要刚打上蜡就抛光，要让车蜡能够在车漆表面有一定的凝固时间。抛光运动必须是直线往复运动。未抛光的车辆绝不允许上路行驶，否则再进行抛光时易造成漆面划伤。

实际操作

以雅阁轿车为例，汽车打蜡的操作过程如下：

1）首先将汽车彻底清洗干净。

2）用棉毛巾擦干车上水珠，并用气压枪吹干缝隙及隐蔽部件的水分。如图7-2所示，左手拿棉毛巾，右手拿风枪，一边吹一边用棉毛巾挡住，以免杂质飞溅进入眼睛。

3）准备好车蜡，然后将车蜡涂在打蜡机海绵上，如图 7-3 所示。

图 7-2　吹干车身水珠

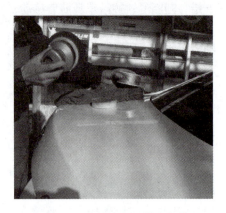

图 7-3　将车蜡涂在打蜡机海绵上

4）如图 7-4 所示，用打蜡机上蜡，并进行抛光处理。
5）用棉毛巾小心地把蜡沫擦干净。
6）用海绵打上光蜡，如图 7-5 所示。

图 7-4　用打蜡机上蜡

图 7-5　打上光蜡

7）全车打完上光蜡后用棉毛巾来回擦拭抛光，使上光蜡均匀附在面漆上，如图 7-6 所示。

8）用牙刷将多余车蜡小心刷掉，如图 7-7 所示。因为厂牌、标识内空隙及钥匙孔周围、纤细的边缘或转角部分、铁板与铁板之间、橡胶制品的边条缝、车牌、车灯、门边等处容易残存车蜡，如果不及时清除，则时间长后会产生腐蚀。

9）全面经过打蜡上光后的汽车应靓丽如新、色泽鲜艳、光亮照人，实体倒影清晰度在 75% 以上即可交车。

图 7-6 手工抛光

图 7-7 清洁多余车蜡

 你学会了吗?

1. 汽车打蜡周期是多长?
2. 上蜡方法是怎样的?
3. 抛光方法是怎样的?
4. 汽车打蜡的过程是怎样的?

第53天 车身镀膜

 学习目标

1. 了解车身镀膜的作用。
2. 了解车身镀膜的周期。
3. 掌握车身镀膜的操作过程。

 基础知识

一、车身镀膜的作用

车身镀膜就是将以二氧化硅为主要成分的镀膜药剂喷涂于车身表面后,经过高温烘烤等工序使之固定于车身表面,从而达到保护车身漆面的作用。具体如下:

1)车身镀膜具有防止漆面氧化、老化的作用,它将车漆与空气完全隔绝,能有效防止外界因素导致的车漆氧化、变色等。

2)车身镀膜能够极大地提高车漆表面清漆的清澈度,使车漆看上去更加光彩夺目。

3）车身镀膜能有效防止酸雨等腐蚀性物质对车漆造成的损害，同时防止车漆褪色。

4）车身镀膜具有超强的自洁性和拨水性，不易沾附灰尘、污渍，清洁时只用清水即可达到清洗的效果，使车辆保持高清洁度和光泽度。

5）车身镀膜层表面氟素处理后具有超强的拨水性，使水落在车体的瞬间收缩成水珠滑落，有效防止水垢的形成。

二、车身镀膜周期

车身镀膜周期一般为1年，但质量较好的镀膜一般能够保持2～5年。

三、车身镀膜注意事项

1）选择晴好的天气进行镀膜作业，有利于镀膜效果的充分保持。

2）镀膜后3天内避免洗车，因为镀膜剂跟漆面的彻底融合需要一定时间。

3）镀膜效果可以保持1年左右，期间需要定期做镀膜的后期保养。

4）镀膜之后的车辆一定要选择正规的洗车点进行洗车。

5）镀膜之后，千万别再做打蜡之类的简单漆面护理，那样会使之前的镀膜效果前功尽弃。

实际操作

以马自达轿车为例，车身镀膜的操作过程如下：

1）首先对汽车进行彻底清洗。

2）如图7-8所示，去除车身表面的氧化层、铁粉、鸟粪、柏油沥青等顽固污渍，然后冲洗干净并吹干车身。

3）如图7-9所示，用遮蔽纸将车身表面的橡胶、电镀件、车标等部位遮蔽起来，避免附着研磨剂后影响车身美观。

图7-8　清洗顽固污渍

图7-9　遮蔽处理

4）进行抛光还原，如图7-10所示。

5）用喷雾水方式再次冲洗干净车身，如图7-11所示。

6）如图7-12所示，用专用的脱脂剂去除抛光还原时残留在车漆表面及缝隙间的油分、粉尘、研磨剂残留物，注意动作轻柔，避免把处理好的漆面划伤。

7)用毛巾将车身表面的水珠吸干,然后用风枪将遗留在车缝中的水分吹出,如图7-13所示。

图 7-10　抛光还原

图 7-11　再次冲洗干净车身

图 7-12　清洁脱脂

图 7-13　吹干车身水分

8)选择合格的车身镀膜药剂,如图7-14所示。

9)在海绵上滴3~4滴镀膜药剂,然后纵横交错地涂抹均匀,如图7-15所示。

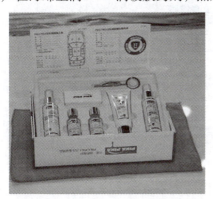

图 7-14　车身镀膜药剂

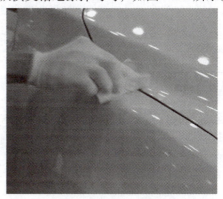

图 7-15　喷涂第一遍镀膜药剂

10）在另一块海绵上滴 3～4 滴镀膜药剂，然后再涂抹一层加强膜，如图 7-16 所示。

11）如图 7-17 所示，用红外烤灯烤镀膜层，使镀膜层快速硬化并固定于车身表面。

图 7-16　喷涂第二遍镀膜药剂　　　　　图 7-17　用红外烤灯烤镀膜层

12）如图 7-18 所示，检查确认是否留有擦拭痕迹或擦拭不彻底的地方。如果发现残留物质，则应处理干净即可完成整个车身的镀膜。

图 7-18　检查车身镀膜

 你学会了吗?

1. 车身镀膜的作用是什么?
2. 车身镀膜的周期是多长?
3. 车身镀膜的过程是怎样的?

第54天 封釉护理

学习目标

1. 了解封釉的作用及周期。
2. 了解封釉、镀膜和打蜡的区别。
3. 掌握封釉的操作过程。

基础知识

一、封釉作用

封釉就是通过震抛封釉机将汽车保护剂压入车漆内部形成网状的保护层，保护层让汽车表面如同陶器表面一般，故而形象地称之为封釉。经过封釉处理，可以让汽车防紫外线辐射、防酸碱的侵蚀、防风沙的吹打，保护车漆不被氧化造成褪色。另外，釉面还可防火、防油污以及防止轻度硬物的刮擦。

二、封釉周期

封釉的周期与汽车的使用率和空气环境、洗车次数有直接的关系。封釉一般能够保持半年到1年左右，之后不必打蜡，如果车身光洁度下降，则可再进行第二次封釉。

三、封釉、镀膜和打蜡的区别

（1）材料不同　釉是从石油中提炼出来的一种抗氧化成分剂；镀膜的成分是玻璃素、硅素、氟素；蜡是从石油中提取的石蜡，大多数车蜡的主要成分是聚乙烯乳液或硅酮类高分子化合物，并含有油脂和添加剂成分。

（2）操作工艺不同　镀膜程序最复杂，封釉相对简单，打蜡最为简单。

（3）效果不同

1）镀膜的保护膜具有镜面效果，还能提高漆面硬度，镀膜能提高硬度到9H（一般新车漆面硬度2H），封釉却做不到。同时，镀膜能与漆面牢固结合不脱落，再做养护时是在保护膜表面做净化处理，对漆面没有二次伤害。

2）打蜡使漆面光亮照人，恢复原漆本色。

3）封釉是釉向漆面内部渗透，容易使漆面表层硬漆结构破坏，每做一次就要进行一次抛光，而一次重度抛光会使漆面厚度减少3～5μm。

四、封釉注意事项

1）封釉8h后才允许用水冲洗汽车，因为在这段时间内，釉层还将继续渗透而未完全凝结，冲洗将会冲掉未凝结的釉。

2）做完封釉后尽量避免洗车，因为封釉可防静电，所以一般灰尘用干净柔软的布条擦去即可。

3）封釉后不要再打蜡，因为蜡层可能会粘附在釉层表面，再追加上釉时会因蜡层的隔离而影响封釉效果。

4）有的美容店封釉时用烤灯烤漆封釉，但如果掌握不好时间和距离，则用烤灯烘烤漆面时，不等漆面软化，附着在漆面上的釉就先烤干了，封釉效果反而不好。

5）漆面封釉，使车漆表面如同罩上一层很强的保护膜，延长漆面寿命，一年之内可以不用打蜡，但是洗车反而会破坏釉层，所以最好不要到计算机洗车房洗车。洗车时不要用碱性洗涤剂清洗，要用中性洗涤济清洗，否则会破坏封釉效果。

6）封釉时一定要选择优质釉。

实际操作

以大众轿车为例，封釉的操作过程如下：

1）首先将汽车进行彻底清洗。

2）去除车身表面的氧化层、铁粉、鸟粪、柏油沥青等顽固污渍。

3）用遮蔽纸将车身表面的橡胶、电镀件、车标等部位遮蔽起来，然后进行抛光处理。

4）选用适合的研磨剂对漆面进行抛光，新车可直接用镜面处理剂抛光一遍即可封釉，在用车根据车漆的新旧程度和受损程度，搭配粗切、中切或细切研磨剂使用，最后用镜面处理剂处理。抛光前先将羊毛盘或海绵轮浸湿，空转几秒钟将多余的水分甩干。抛光转速为 1500~2500r/min。

5）抛光后将车身表面残留的研磨剂或抛光后留下来的粉末用清水冲洗一遍，将车身表面擦干并吹干净即可封釉。

6）准备好釉和震抛封釉机，如图7-19所示。

7）将釉充分摇匀后倒适量釉于震抛封釉机盘表面，如图7-20所示。

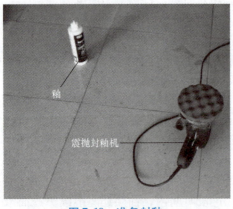

图7-19 准备封釉

图7-20 倒入适量釉

8）用震抛封釉机横竖来回封三遍，按顺序直至整车封釉完毕，如图7-21所示。封釉机转速为1000~2000r/min，每次封釉用一瓶釉剂。

9）整车封釉完后即可从头开始用柔软的超细纤维毛巾将车身、边角缝隙处多余的釉剂擦净（图7-22），将纸胶带撕下，对全车进行检查。

图7-21　进行封釉

图7-22　全车清洁

你学会了吗?

1. 封釉的作用是什么?
2. 封釉的周期是多长?
3. 封釉、镀膜和打蜡有哪些区别?
4. 封釉的操作过程是怎样的?

第55天　漆面抛光

学习目标

1. 了解漆面抛光的知识。
2. 熟悉漆面抛光操作的过程。

基础知识

一、漆面抛光

漆面抛光可以去除车漆表面经研磨后留下的细微打磨痕迹。漆面抛光需要使用专用抛光剂，通过抛光机进行作业。

二、漆面抛光注意事项

1) 抛光时可以手工进行，也可以使用抛光机完成。在手工抛光时应注意抛光运动路线，不可胡乱刮擦或做环形运动，而应该以车身纵向平行线为准做往复运动。每次抛光的面积不要超过 50cm×50cm。

2) 使用抛光机前先检查抛光机转速，抛光轮是否与托盘粘结牢固，螺栓是否上紧，是否对在中心位置。抛光盘要保持清洁，随抛随清理。

3) 新抛光盘抛光要湿润，避免干抛。

4) 要随时注意抛光温度，而且不要在一个点停留太久，以免伤到漆面。

5) 抛光剂用量要适中，不要用太多。

6) 抛光剂要涂在抛光盘接触面中间。

7) 抛光遵循分块施工，遵循从上而下、由左至右、逢棱遇缝换面、按井字形的路线移动。

8) 抛光盘与被抛面应保持小于30°的倾角。

9) 抛光时眼睛要始终观察抛光后的效果和抛光后的漆面状态。

实际操作

以起亚轿车为例，漆面抛光的操作过程如下：

1) 用脱蜡洗车液将汽车洗净并擦干，如图7-23所示。

2) 如图7-24所示，用遮蔽纸将车身表面的橡胶、电镀件、车标等部位遮蔽起来，然后进行研磨处理。

图7-23 清洁车身

图7-24 用遮蔽纸遮蔽电镀件

3) 根据所要处理漆面的状况选择合适的抛光剂和抛光盘。可选用细一些的抛光盘试抛，如果处理效果不明显，则再改用粗一些的抛光盘。

4) 把抛光剂摇匀，倒在海绵抛光盘上少许，用抛光盘在漆面上涂抹均匀。然后调整研磨抛光机转速到1800r/min左右，使抛光机的海绵轮保持与漆面相切，力度适中，保持一定速度进行抛光，如图7-25所示。当检查确认漆面没有遗留圈痕与划痕后，抛光过程结束。

5) 对车身进行彻底清洗，然后将车身擦干净（图7-26），车身即可恢复光亮。

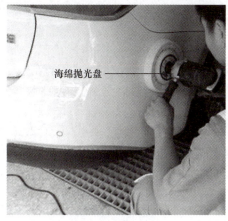

图 7-25　抛光操作

图 7-26　将车身擦干净

 你学会了吗？

1. 什么是漆面抛光？
2. 漆面抛光操作的过程是怎样的？

第 56 天　漆面划痕处理

 学习目标

1. 了解漆面划痕产生的原因。
2. 了解漆面划痕的类型。
3. 熟悉漆面划痕处理操作的过程。

 基础知识

一、漆面划痕产生的原因

（1）擦洗不当　在擦洗过程中，若清洗剂、水或擦洗工具（海绵、毛巾等）中有硬质颗粒，都会使漆面产生划痕。

（2）护理不当　在漆面抛光过程中，若选择的打磨盘粒度较大，打磨用力较重或打磨失手，都会在漆面上留下不同程度的划痕。在打蜡时，如果蜡的品种选择错误，误把砂蜡用在新车上，也会打出一圈圈的划痕。

(3) 自然因素　汽车在暴风、沙尘天气产生刮擦造成漆面划痕。

(4) 人为因素　汽车在行驶中与其他汽车产生刮擦，与路边树枝产生刮擦，以及在停车场人为地不小心刮擦等都会造成漆面划痕。

二、漆面划痕的类型

(1) 细小刮痕　细小刮痕指表面漆细小刮伤，划痕未穿过清漆层而是留有刮痕。

(2) 浅度划痕　浅度划痕指表面漆轻微刮伤，划痕穿过清漆层已伤及色漆层，但色漆层未刮透。

(3) 中度划痕　中度划痕指色漆层已经刮透，但未伤及底漆层。

(4) 深度划痕　深度划痕指底漆层已刮透，可见车身的金属表面。

对于中度划痕和深度划痕的处理需要进行补漆，具体见"第60天　汽车快速补漆。"

实际操作

一、细小刮痕的处理

如果发现车身有细小刮痕，则可用划痕蜡处理，以直线方式擦拭，待划痕消失后，最后打上蜡，操作过程如下：

1）采用脱蜡清洗剂对细小刮痕（图7-27）进行清洗，然后晾干。

2）将划痕蜡倒在不脱毛的棉布上，如图7-28所示。

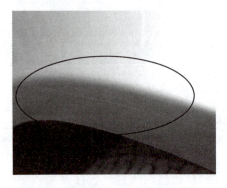
图7-27　细小刮痕

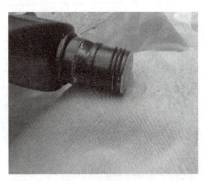
图7-28　倒入划痕蜡

3）如图7-29所示，以直线方式擦拭，直到刮痕消除。

4）如图7-30所示，将还原剂均匀涂抹于漆面，然后抛光至漆面层与原来的漆面颜色完全一致为止。

二、浅度划痕的处理

1）用专用清洁剂或砂纸将浅度划痕（图7-31）处油污、车蜡及铁锈清洁干净。

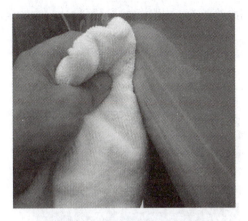

图 7-29 用划痕蜡擦拭刮痕

图 7-30 漆面还原

2）如图 7-32 所示，用遮蔽纸将划痕边沿保护起来。

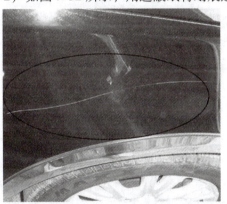

图 7-31 浅度划痕

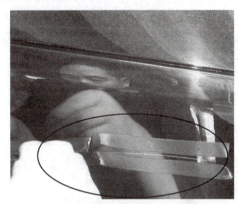

图 7-32 贴遮蔽纸

3）用 1500~2000 号美容砂纸对划痕部位打磨（图 7-33）至漆面无光泽。

4）选择与漆面颜色相符的漆笔，使用前应将漆笔摇匀（上下摇晃约 40~50 次），如图 7-34 所示。

图 7-33 对划痕部位打磨

图 7-34 将漆笔摇匀

5）如图7-35所示，打开漆笔盖，然后用漆笔填充，相隔5min反复涂抹，涂抹至高出原车漆平面一部分即可。

6）待漆干燥后，用抛光机进行抛光，如图7-36所示。

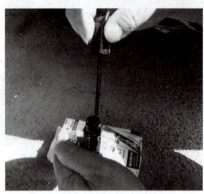
图7-35　用漆笔填充

图7-36　抛光

7）抛光后，把抛光蜡抹在干布上，然后顺时针方向涂抹在漆面上，待蜡干燥约1min后，用毛巾或布块顺时针擦干即可恢复原来的状态。

 你学会了吗？

1. 漆面划痕产生的原因是什么？
2. 漆面划痕有哪几种类型？
3. 漆面划痕处理操作的过程是怎样的？

第57天　漆面凹陷修复

 学习目标

1. 了解漆面凹陷修复的特点。
2. 了解漆面凹陷修复的条件。
3. 熟悉漆面凹陷修复操作的过程。

 基础知识

一、漆面凹陷修复的特点

漆面凹陷修复，也称作免喷漆车身凹陷修复，它是指采用先进的工艺设备和技术，根据光的反射、杠杆的作用，利用凹陷修复工具（图7-37）对汽车漆面不脱落、未掉底漆的凹陷，不用钣金、刮腻子、烤漆等传统工序，直接对局部进行技术处理和快速修复。

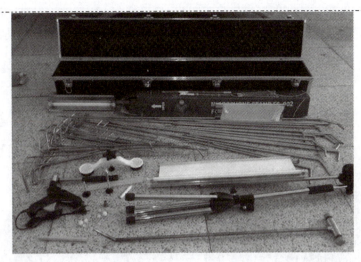

图 7-37 各种凹陷修复工具

二、漆面凹陷修复的条件

1）板材的受损变形不能过大,没有折痕与皱纹。
2）板材加工表面的温度在 200℃ 左右。
3）适当的照明、工具和辅助材料。

实际操作

以左前轮眉凹陷为例,漆面凹陷修复操作的过程如下:
1）如图 7-38 所示,使用定影灯观察凹陷的损坏情况,以便制订更好的修复方案。
2）如图 7-39 所示,使用凹陷修复工具顶出凹陷。

图 7-38 观察凹陷的损坏情况

图 7-39 顶出凹陷

3）如果顶的力过大,则会使凹陷上拱,这时就必须再使用锤子和象牙锥修平整,如图 7-40 所示。

4）使用定影灯观察修复情况（图7-41），如果漆面修复完好，就可清洁干净漆面。

图7-40　继续修整

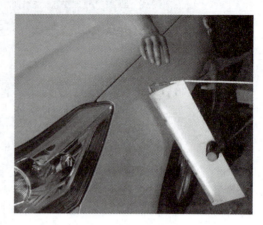

图7-41　观察修复情况

5）如有必要，则进行抛光，如图7-42所示。
6）漆面凹陷修复的效果，如图7-43所示。

图7-42　进行抛光

图7-43　漆面凹陷修复的效果

你学会了吗?

1. 漆面凹陷修复的特点是什么？
2. 漆面凹陷修复的条件是什么？
3. 漆面凹陷修复操作的过程是怎样的？

第58天　轮毂的修复翻新

学习目标

1. 了解轮毂的修复知识。
2. 掌握轮毂的修复翻新操作技巧。

基础知识

汽车行驶过程中会遇见各种磕磕碰碰，从而导致轮毂的损伤，轮毂的损伤主要有轮毂表面刮伤、轮毂边缘缺口和轮毂变形等。

一、轮毂表面刮伤

轮毂表面刮伤主要表现为轮毂有刮痕（图7-44）、轮毂掉漆等情况，面对这种情况，通过轮毂翻新就可以恢复原来的状态。

图7-44　轮毂有刮痕

二、轮毂边缘缺口

汽车轮毂受到坚硬物体撞击时会把轮毂的边缘撞成缺口，根据缺口形状可以使用铝焊进行补缺（图7-45），然后对轮毂进行翻新修复。

三、轮毂变形

汽车轮毂受到碰撞或撞击时很容易造成轮毂的变形，只要不伤及轮毂的结构，就可以通过轮毂矫正修复机对损坏的轮毂加以整形矫正，如图7-46所示。

图7-45　铝焊补缺

图7-46　整形矫正轮毂

> **实际操作**

1. 拆卸轮胎

在进行轮毂翻新之前,首先要使用扒胎机将轮胎与轮毂分离。

2. 修复轮毂受损部位

先修复轮毂轻微受损部位,可以使用砂纸或者抛光机对轮毂划痕部位进行打磨修复,如果划痕有一定深度,就需要采用铝焊进行补缺,然后再打磨平整。

3. 喷漆前处理

将轮毂原来的漆层用喷砂机清理干净,然后再用砂纸将整个轮毂表面打磨光滑,如图 7-47 所示。

4. 重新喷漆

轮毂喷漆颜色可以根据车主要求进行改色,也可以按照轮毂原来的颜色进行喷漆。轮毂喷漆时,要在喷漆房或者无尘车间进行,具体方法如下:

1)将轮毂放在喷漆间的铁架上,让其自然晾干。

2)用压缩风枪将轮毂表面的粉尘及脏污吹干净,如图 7-48 所示。

图 7-47 打磨光滑

图 7-48 吹干净轮毂表面

3)准备好轮毂喷漆涂料,然后调整好喷枪雾化,最后在轮毂表面一次性均匀地喷涂色漆,一般喷涂两道色漆(图 7-49)即可。

4)将喷好的轮毂放进烤箱中,温度控制在 100℃,烘烤 60min 即可。如果没有烤箱,则待其自然干燥后即可恢复原来的光亮,如图 7-50 所示。如有必要,则可以用高速抛光机倒少许的微晶抛光釉进行抛光一遍即可。

图 7-49 轮毂喷漆

图 7-50 自然干燥后的效果

1. 轮辋的损伤主要有那些类型?
2. 轮毂的修复翻新操作是怎样的?

第 59 天　车身轻微损伤钣金修复

掌握车身轻微损伤钣金修复技巧。

车身轻微损伤钣金修复技巧如下:
1) 用直尺和记号笔标记出损伤范围。
2) 对损伤区域进行打磨,磨除表面凹陷深处的漆层和搭铁位置的漆层。
3) 使用打磨工具对表面凹陷较深处进行打磨。
4) 使用压缩风枪吹干净损伤区域表面的灰尘。
5) 将介子机的搭铁用夹钳固定在钣金件上。焊接时,搭铁极头和焊接极头要处于同一块钣金件上,并且两者的距离不要超过 50cm。
6) 打开介子机的电源,调整好介子机的焊接时间及焊接电流等参数。
7) 更换专用的焊接极头。
8) 将介子按顺序依次焊接到钣金件上。焊接时,焊接垫片应与钣金件轻轻接触,呈 90°进行焊接。
9) 将铁棒从介子中间穿过,将快速拉拔设备安装到钣金件上。
10) 用快速拉拔设备将凹陷部位拉出,同时用锤子敲击应力区。拉拔时如果力量太小,则起不到应有的效果;如果力量较大,则往往会造成凸起点较高,对后期的修平造成一定的难度。
11) 拉拔的同时需要检查凹陷部位的恢复情况,直至钣金件恢复原来状态。
12) 拆卸快速拉拔设备,然后拆卸介子。
13) 使用打磨机磨除焊接后留下的焊点。
14) 如图 7-51 所示,对钣金件损伤区域进行加热。
15) 如图 7-52 所示,使用精修锤进行精确修复,修复的同时需要对钣金件进行检测,直至钣金件变形恢复为止。
16) 使用压缩风枪将钣金件表面吹干净。
17) 对修复区域进行防腐处理。

图 7-51 对损伤区域进行加热

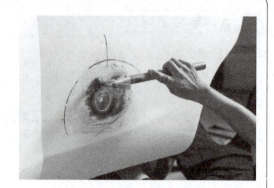
图 7-52 使用精修锤进行精确修复

 你学会了吗?

简述车身轻微损伤钣金修复的过程是怎样的?

第 60 天 汽车快速补漆

 学习目标

1. 了解汽车快速补漆的含义。
2. 掌握汽车快速补漆的操作技巧。

 基础知识

汽车快速补漆是指对汽车漆面上的各种细小划痕、摩擦伤痕、风吹尘打伤疤、恶意划痕、硬物划痕等已被划破的外观进行快速局部修复的技术,如图 7-53 所示。汽车的快速补漆一般包括清除旧漆层、刮灰、打磨、喷中涂漆、喷面漆和清漆、抛光交车的全过程。

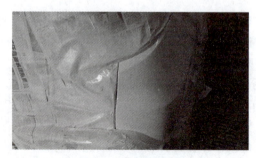
图 7-53 汽车快速补漆

> **实际操作**

1. 清除旧漆层、刮灰

首先需要将损伤处周围用遮蔽纸遮盖住,然后将旧漆层清理干净,最后对较深的凹痕需要使用原子灰来将凹陷部位填平(图7-54),从而减小整个表面的不平度。一般左手拿刮灰板右手拿刮刀,首先取一些调好的原子灰,用刮刀将修补部位的凹陷填平。<u>注意:原子灰和修补部位之间不允许有气泡,否则会降低其附着力。</u>

2. 打磨

选用与磨块大小相配的砂纸或者把砂纸裁剪好,使之与磨块尺寸相配。将砂纸固定在磨块上,把磨块平放在打磨面上,沿磨块的长度方向均匀施加中等程度的压力打磨填补区域。<u>注意:打磨时磨块做前后往复的摩擦运动打磨,同时要向打磨区域补充水分,避免干磨。</u>

3. 喷中涂漆

根据产品要求将中涂底漆和固化剂、稀释剂按比例进行调配,然后将填补区域清洁干净,最后喷中涂漆。

1)喷中涂漆时先对修补边缘交界处进行薄薄地喷涂,主要是使旧涂膜与原子灰的交界面溶合。

2)待其稍干之后,接着给整个原子灰表面薄薄地喷一层,喷涂后形成的表面应平整光滑,取适当的时间间隔,分几次薄薄地喷涂。一般要喷3~4次。每道间隔时间5~10min(常温)。中涂底漆如图7-55所示。

图7-54 刮灰

图7-55 中涂底漆

3)中涂漆干燥后用500号砂纸进行打磨(图7-56),最后用干净抹布擦拭干净。<u>注意:如果中涂底漆有缺陷,则可用硝基类速干原子灰(也称填眼灰)修补,然后用水磨的办法将整个表面打磨平整。</u>

4. 喷面漆和清漆

1)将调好色的色漆按所需要的量取出,经过滤后加入喷枪内。首先用黏性抹布把表面擦拭干净,喷涂第一道面漆时宜少宜薄,如喷涂量过多过厚,则稀释剂易将底漆咬起。

图7-56 打磨中涂漆

如图7-57所示，喷涂时，喷枪与被涂面距离可适当远些，喷枪喷出扇面可适当调宽，重叠宽度约1/2~1/3。喷涂第二道面漆时，可采用横喷、纵喷再横喷，使漆膜均匀。

2）将清漆和固化剂按照要求混合且搅拌均匀，过滤后装入清洁的喷枪。

3）待面漆完全干燥后，再喷涂2~3层清漆即可（图7-58），喷清漆面层间隔时间为5~10min。

图7-57　喷面漆

图7-58　喷清漆

5. 抛光

面漆喷涂干燥后，需要对修补区域进行抛光。首先将中粗抛光蜡涂抹于修补区域，选用小型海绵抛光轮以较低的转速对修补区域进行研磨抛光，待修补区域显现出光泽后，逐渐提高转速并扩大抛光区域到修补区域的3~5倍，然后换用较大的抛光轮，用细蜡对整板进行抛光上光一体操作，消除车身光泽和颜色的差异。

▌你学会了吗?

1. 什么是汽车快速补漆？
2. 简述汽车快速补漆的过程是怎样的？

参 考 文 献

[1] 夏怀成，许金花. 汽车养护与美容 [M]. 北京：机械工业出版社，2011.
[2] 于秀涛. 汽车快修保养 [M]. 郑州：黄河水利出版社，2011.
[3] 向志渊，房莹. 汽车美容装饰 [M]. 北京：国防工业出版社，2011.
[4] 钱岳明. 汽车装潢与美容技术 [M]. 北京：人民交通出版社，2008.
[5] 陈安全，王鹤隆. 汽车美容实用教程 [M]. 北京：机械工业出版社，2012.